# Una casa de palabras

## En torno a los cuentos maravillosos

Editor de Océano Travesía: Daniel Goldin

UNA CASA DE PALABRAS. EN TORNO A LOS CUENTOS MARAVILLOSOS
©2012, Gustavo Martín Garzo

D.R ©2013 Editorial Océano de México, S.A. de C.V.
Blvd. Manuel Ávila Camacho 76, piso 10
Col. Lomas de Chapultepec, Miguel Hidalgo,
11000, México, D.F.

ISBN: 978-607-400-757-2
Depósito legal: B-5136-LVI
www.oceano.mx

PRIMERA EDICIÓN 2013

Reservados todos los derechos. Ninguna parte de esta publicación puede ser
reproducida, almacenada o transmitida por ningún medio sin permiso del editor.
Cualquier forma de reproducción, distribución, comunicación pública o
transformación de esta obra sólo puede ser realizada con la autorización de sus
titulares, salvo excepción prevista por la ley. Diríjase a Cedro (Centro Español de
Derechos Reprográficos, www.cedro.org) si necesita fotocopiar o escanear algún
fragmento de esta obra.

IMPRESO EN ESPAÑA / PRINTED IN SPAIN

9003538010213

# Una casa de palabras

## En torno a los cuentos maravillosos

GUSTAVO MARTÍN GARZO

OCEANO Travesía

Váyanse, dijo el pájaro, porque las frondas estaban
    llenas de niños
Que alegremente se ocultaban y contenían la risa.
Váyanse, váyanse, dijo el pájaro: el género humano
No puede soportar tanta realidad.


T. S. Eliot, *Cuatro cuartetos*,
traducción de José Emilio Pacheco

# Prólogo

LA NOCHE ES LA OSCURIDAD, la amenaza, un mundo no controlado por la razón, y todos los niños la temen. Llega la hora de acostarse y, a causa de ese temor, no quieren quedarse solos en sus camas. Es el momento de los cuentos, que son un procedimiento retardatorio. "Quédate un poco más", es lo que dicen los niños a los adultos cuando les piden un cuento. Y el adulto, que comprende sus temores, empieza a contárselos para tranquilizarlos. Muchas veces lo improvisa sobre la marcha, pero otras recurre a historias que ha escuchado o leído hace tiempo, tal vez las mismas que le contaron de niño los adultos que se ocupaban de él. En esas historias todo es posible: que los objetos cobren vida, que hablen los animales, que los niños tengan poderes que desafían la razón: el poder de volar o de volverse invisibles, el poder de conocer palabras que abren montañas, el poder de burlar a gigantes y brujas y de ver el oro que brilla en la oscuridad de la noche. Lo maravilloso hace del mundo una casa encantada, tiene que ver con el anhelo de felicidad. El adulto quiere que el niño al que ama sea feliz y ese deseo lo lleva a contarle historias que le dicen que es posible encontrar un lugar sin miedo. Son historias que proceden de la noche de los tiempos. Han pasado de unas generaciones a otras, y se mantienen tan sugerentes y nuevas como el día en que fueron contadas por primera vez. El que narra, escribe Walter Benjamin, posee enseñanzas para el que escucha. La en-

7

señanza de *La bella y la bestia* es que hay que amar las cosas para que se vuelvan amables; la de *La bella durmiente,* que en cada uno de nosotros hay una vida dormida que espera ser despertada; la de *La cenicienta,* que lo que amamos es tan frágil como un zapatito de cristal, y la de *Hansel y Gretel,* que hay que tener cuidado con los que nos prometen el paraíso: con frecuencia es una trampa donde se oculta la muerte. *Peter Pan* nos dice que la infancia es una isla a la que no cabe volver; *Pinocho,* que no es fácil ser un niño de verdad; *La sirenita,* que no siempre tenemos alma y que, cuando esto ocurre, se suele sufrir; y *Alicia en el País de las Maravillas,* que la vida está llena de repuestas a preguntas que todavía no nos hemos hecho.

El niño necesita cuentos que le ayuden a entenderse a sí mismo y a los demás, a descubrir lo que se esconde en esa región misteriosa que es su propio corazón. Chesterton dice que los cuentos son la verdadera literatura realista y refiere que quien quiera saber lo que es un niño, antes de preguntar a psicólogos, pedagogos o alguno de esos numerosos expertos que tanto abundan, hará bien en regresar a los cuentos de hadas. Son ellos los que permiten asomarnos al corazón de los niños y sorprender sus deseos, esperanzas y temores. Un cuento como *La cenicienta* expresa esa búsqueda de la transfiguración que es la búsqueda más cierta de la vida, y uno como *El patito feo,* el temor a dejar de ser amado. Incluso los niños más queridos tienen el temor de que sus padres los rechacen porque tal vez no son como éstos habían soñado. El patito que debe abandonar la granja en la que vive, porque no hay nadie que lo quiera, expresa esos temores. El niño se identifica con él, porque ve en su abandono la imagen de su propia tristeza cuando se siente solo. Siempre es así con los cuentos. Puede que no sean reales pero hablan de la verdad. *Barba Azul* lo hace del deseo de conocimiento; *Juan sin miedo,* de la importancia de la compasión; *Jack y las habichuelas mágicas,* de que sólo a través de la imaginación podemos abarcar la existencia en su totalidad. Estos tres cuentos resumen las cualidades de la palabra *poética*: el misterio del cuarto cerrado, el temblor del amor y la capacidad de vincular, como las habichuelas mágicas, mundos que la razón separa: el mundo de los vivos y el de los muertos, el de los animales y el de los seres humanos, el de la realidad y el de la fantasía. Los cuentos le dicen al niño que debe enfrentarse a los misterios que le salen al paso, acudir a la llamada de los demás y salvar el abismo que separa su experiencia de las palabras. El guisante que, en el cuento de Andersen, no deja dormir a la princesa guarda el secreto de todo aquello que nos desvela y no hay forma de decir qué es. El secreto, en suma, de la poesía.

Pero los cuentos no sólo son importantes por las enseñanzas que contienen, sino porque prolongan el mundo de las caricias y los besos de los primeros años de la vida y devuelven al niño al país indecible de la ternura. Paul Valéry dijo que la ternura era la memoria de haber sido tratados con atenciones extraordinarias a causa de nuestra debilidad. Ningún niño se olvida de esas atenciones. Ellos siempre buscan un lugar donde guarecerse. Y en la noche, con cada cuento, el adulto levanta para ellos un lugar así. Da igual de qué trate, al sentarse a su lado en la cama, lo que el adulto le dice al niño es que siempre estará allí para ayudarle. Ése es el mensaje de todos los cuentos: no te voy a abandonar. Un cuento es una casa de palabras, un refugio frente a las angustias que provocan las incertidumbres de la vida. Decía

Octavio Paz que la misión de la poesía es volver habitable el mundo, y eso es lo que hacen los cuentos: crear un lugar donde vivir. De eso habla *Los tres cerditos*. Sus protagonistas deben levantar una casa en el bosque para protegerse del lobo, y mientras uno, el más previsor, la construye con ladrillos, los otros lo hacen con lo primero que encuentran. Es curioso que, aun siendo la moraleja del cuento que debemos ser previsores, el cerdito que prefieren los niños es el que levanta su casa con paja. No tarda mucho en terminar y enseguida se va de paseo por el bosque a descubrir sus maravillas. Bruno Bethelheim escribió un libro sobre autismo infantil que se titula *La fortaleza vacía*. El niño autista percibe el mundo como hostil y, para defenderse, levanta una fortaleza de indiferencia y desapego a su alrededor. Y lo extraño es que cuanto más consistente y segura es esa fortaleza más vacío está su interior. Es lo contrario de la casa de paja de nuestro cerdito. La de éste es la casa de los cuentos: un lugar que nos protege lo justo para no separarnos del mundo. Una casa como la que Tarzán y Jane construyeron en la copa de un árbol, abierta a todas las llamadas de la vida.

C. G. Jung sostenía que uno de los dramas del mundo moderno procede de la creciente esterilización de la imaginación. Tener imaginación es ver el mundo en su totalidad. Los cuentos permiten al niño abrirse a ese flujo de imágenes que es su riqueza interior y captar la realidad más honda de las cosas. Toda cultura es una caída en la historia, y en tal sentido es limitada. Los cuentos escapan a esa limitación, se abren a otros tiempos y otros lugares, su mundo es transhistórico.

Tal vez por eso Mijaíl Lérmontov no dudó en afirmar que había más poesía en un cuento popular ruso que en toda la literatura francesa. Me sorprende la ceguera de la mayoría de los adultos frente a los cuentos, a los que, en el mejor de los casos, consideran un disculpable recurso para entretener a los niños inquietos, especialmente a la hora de dormir. Basta con detenerse en las nuevas adaptaciones que se hacen de cuentos eternos como *Caperucita roja, Blancanieves, La cenicienta* o *La bella durmiente*, para ratificarlo. En una de ellas, la pobre Cenicienta es una chica de nuestro tiempo que desprecia los zapatos de tacón, no quiere llevar vestidos cursis, y por supuesto tampoco desea caer en los brazos de un príncipe idiota. En otras, se reivindican las figuras del lobo y de la madrastra sobre las encantadoras Caperucita y Blancanieves, como si el verdadero enigma del mundo no fuera la bondad y el candor sino la rapiña y la envidia. Zarzarrosa, en estas nuevas lecturas, representa a esa muchacha tradicional que sólo vive para esperar que un príncipe encantador vaya a salvarla, y sólo falta un cuento en que el pobre Jack, que cambia su vaca por unas habas, sea el ejemplo de lo que nunca debe hacer un joven emprendedor. Todos los lugares comunes de nuestro tiempo se dan cita en estas nuevas versiones, que olvidan la dimensión simbólica de estas historias eternas. No importa, sus héroes y las heroínas pueden con todo, y sin duda volverán a salir victoriosos. Nadie, por ejemplo, podrá empañar la belleza de Zarzarrosa. Su sueño representa nuestra vida dormida, todo lo que, latiendo en nosotros, no hemos llegado a vivir. La vida que no hemos tenido y que espera la llegada de algo o alguien que la haga despertar.

La mayoría de las imágenes luminosas que pueblan el mundo de los cuentos viene de la alquimia y de Oriente.

Perlas, oro y plata, vestidos que brillan como la luna, representan el deseo de transmutación inherente a la naturaleza humana: la búsqueda de ese instante de epifanía en que todo se transforma en luz. La misión del artista, escribió Scott Fitzgerald, es hacer todo lo posible para que los demás puedan "aprovechar la luz y el brillo del mundo". Eso hacen los cuentos y por eso los niños no se cansan de escucharlos. Caballos con un cuerno, corderos con cinco patas, gansos sin cabeza, muchachas a las que les faltan los brazos o han perdido la voz le hablan al niño de su propio corazón, lleno de deseos incumplidos, de pensamientos absurdos que no sabe cómo llevar al mundo. La pobre Cenicienta los representa. Ella recibe su vestido de un árbol mágico y la vida se transforma en un baile.

Todo el mundo del cuento es un viaje por esas fantasmagorías del corazón. Acudimos a él queriendo ver no nuestra vida real, sino la soñada; no nuestros éxitos o nuestros fracasos, sino las criaturas que pueblan nuestras fantasías. No leemos para buscar lo que existe, un espejo que nos dé la imagen de lo que sabemos, sino para ver más allá. No para acercarnos a lo que somos, sino a lo que deberíamos ser: para ser lo que no hemos sido. Walter Benjamin hablaba de la sabiduría de la mala educación, señalando que la verdadera razón de la mala educación es el fastidio del niño por no poder vivir una vida marcada por lo excepcional. Todos los niños de los cuentos quieren tener una vida así, por eso hacen lo que no deben, se meten en asuntos peligrosos. Ninguno quiere tener una vida vulgar. Cenicienta, en la escena del baile, enseña a los niños que en el corazón de lo real siempre viven los sueños.

Los pequeños ensayos que siguen han sido publicados, a lo largo de estos últimos años, en revistas, periódicos y, a veces, como prólogos a nuevas ediciones de los cuentos tradicionales. Al reunirlos y revisarlos para dar forma a este libro, me ha sorprendido su cantidad. Es extraño, ya que siempre que escribo sobre este tema tengo el sentimiento de estar cometiendo una profanación, y me prometo no volver a hacerlo. Pero una y otra vez rompo mi palabra. Me disculpa el amor que siento por los cuentos maravillosos. Un amor que, lejos de disminuir, no ha hecho sino acrecentarse con el paso del tiempo, hasta el punto de que si hoy alguien me preguntara qué obra me gustaría que representara a la humanidad en una hipotética Biblioteca del Universo, no dudaría en elegir *Cuentos de niños y del hogar*, de los hermanos Grimm. Para mí ningún otro libro expresa mejor toda la maravillosa y triste locura que hay en el corazón humano.

En el Museo de Cluny, en París, pueden verse los tapices de *La dama y el unicornio*. En ellos se narra el encuentro de una doncella con esa misteriosa criatura de los bosques. "A mi único deseo", reza una leyenda en el umbral de la tienda de la doncella. El unicornio es el animal más tímido que existe y se sabe muy poco de sus costumbres. Mas basta que una doncella se interne en el bosque para que se ponga a seguirla en secreto. Cuando la doncella se sienta a descansar, el unicornio se acuesta a su lado y se queda dormido sobre su falda. Qué pasa entonces entre ellos, nadie lo ha contado hasta hoy. Los cuentos nos enseñan a no querer saberlo todo. Son el círculo encantado que protege los pequeños misterios de la vida.

# Los seres incompletos

EL DICCIONARIO DE LA RAE define la discapacidad como una minusvalía. Es pues un término que remite a la existencia de una normalidad que, no lo olvidemos, es un concepto estadístico. Todos estamos de acuerdo en que un ciego, al no poder regir su conducta por un sentido tan esencial como la vista, está en inferioridad de condiciones respecto a los hombres que sí pueden hacerlo, pero ¿esto supone que sea menos valioso? (es eso lo que significa "minusválido": privado de una parte de su valor). Aún más, ¿qué es ser normal, una persona normal? Bien mirado, lo normal es que no sepamos quiénes somos, que siempre nos estemos construyendo. Lo que nos define como seres humanos, en definitiva, no es tanto lo que somos sino el proceso por el que podemos llegar a transformarnos en otra cosa.

Por eso en los cuentos las carencias o disminuciones físicas no siempre significan algo negativo. En *La sirenita* de Andersen, por ejemplo, la pérdida de voz o los problemas de locomoción de su protagonista no son percibidos por sus lectores como una tara, sino como un signo de la excelencia de esa criatura que, abandonando su reino de las profundidades marinas y movida por la fuerza del amor, busca transformarse en una muchacha. Es decir, en alguien que debe renunciar a su canto de sirena para poder hablar y tener un alma inmortal, como si las palabras tuvieran que surgir precisamente de esa renuncia a la

embriaguez del canto. Es de ese constante estar constru-
yéndonos, propio de la condición humana, del que hablan
todos los cuentos que existen, cuya misión no sería tanto
dar cuenta —a la manera de la religión o la estadística—
de una única verdad, como de hacer posible que cada uno
pueda contar su propia verdad a los otros.

Vivimos bajo el imperio de la autosatisfacción. El desarrollo económico y tecnológico ha hecho que el hombre
occidental vea a los hombres de otros tiempos y culturas
con una sonrisa de conmiseración y superioridad. Pero,
¿somos mejores que ellos? Gozamos de un bienestar muy
superior al de nuestros padres y abuelos pero, ¿eso nos
hace más sabios?

Los bosquimanos crearon algunas de las historias más
hermosas que se han contado, y sin embargo vivían en un
mundo de dolorosa escasez. Un pueblo que, según nuestro punto de vista de hombres desarrollados, vivía en las
condiciones más penosas, no obstante era capaz no sólo
de expresar en sus cuentos las cosas más conmovedoras,
sino de mostrar los misterios y zozobras del existir humano con una fuerza poética y una precisión envidiables.
Hemos mejorado tecnológicamente y formulado teorías
que iluminan el mundo físico, pero me temo que no hemos avanzado gran cosa en el conocimiento de esa enti-
dad inaprensible que los antiguos llamaron alma. Por eso
es importante la literatura. Lo que buscan los cuentos es
un conocimiento no racional, que tiene que ver con la
sabiduría: un conocimiento capaz de iluminar el mundo. Los personajes de los cuentos nos conmueven y nos
obligan a estar pendientes de cada una de sus palabras y
acciones, porque es como si llevaran en sus manos una

pequeña lámpara. Su luz es una luz delicada e íntima que se opone al deslumbramiento de tantas supuestas verdades. No es una luz que se asocie al poder sino a la debilidad. Tal vez por eso los cuentos están llenos de personajes que hoy llamaríamos discapacitados o minusválidos. La sirenita debe perder su voz y caminar torpemente, como si el suelo estuviera lleno de puñales, para conseguir lo que anhela; la bella durmiente vive sumida en un sueño eterno del que nada parece capaz de despertarla; en *Los cisnes salvajes* uno de los príncipes se verá obligado a vivir con un ala de cisne en lugar de uno de sus brazos, y en los cuentos infantiles abundan los niños y niñas que han perdido los brazos o las manos, o que no pueden hablar o ver. No están completos, pero están vivos. Aún más, puede que el verdadero mensaje de los cuentos sea precisamente que estar vivo es estar incompleto.

Estos personajes no son distintos de nosotros, pues todos buscamos algo que no tenemos. Para eso hablamos, para poder completarnos. El amor, por ejemplo, ¿qué es sino la búsqueda de eso que nos falta? Las culturas antiguas creían que los anormales o los seres deformes estaban dotados, como los chamanes, de poderes extraordinarios. La mutilación, la anormalidad, el destino trágico, como ha escrito Juan Eduardo Cirlot, constituían el pago y el signo de la excelencia en ciertas dotes, por ejemplo: la facultad poética. Homero, el más grande de los poetas, era ciego. Al contrario que en el mundo de la psicología, donde ciertas cualidades no son sino la compensación o sublimación de una deficiencia original, en el mundo de los cuentos la falta nombra el lugar de la apertura hacia el otro. En *Los cisnes salvajes*, la presencia del ala de cisne implica una deformidad pero también es un signo de excepcionalidad positiva, de una vinculación con el mundo más vasto de la naturaleza, donde el príncipe es dueño de facultades desconocidas para los demás. Adorno dijo que la verdadera pregunta, la que funda la filosofía, no es la pregunta por lo que tenemos sino por lo que nos falta. Y a nuestro mundo le faltan muchas cosas. No es malo reconocerlo, pues el lugar de la falta es el lugar donde se plantea la pregunta sobre si podríamos ser de otra manera. Desde ese punto de vista todos somos discapacitados, pues vivir, al menos humanamente, es sentir el peso trágico de tantas carencias.

Hay muchas razones para sentirnos orgullosos de nuestro mundo, pero no las hay menos para reprobarlo. Por ejemplo, nuestros niños sanos y bien alimentados, ¿tendrán recuerdos? Los niños de antes sabían lo que era una fuente, un nido, conocían los animales y recibían con ojos de asombro el cambio de las estaciones. La técnica ha simplificado extraordinariamente nuestra vida, permitiéndonos alcanzar un grado de bienestar impensable hace sólo unos años. El niño de nuestros países desarrollados tiene una casa cómoda, asiste a la escuela y tiene una multitud de entretenimientos que hacen más grata y fácil su vida. Pero los dibujos animados no pueden sustituir el temblor de un gatito y, tal como supo ver la delicada Marlen Haushofer, puede que su mundo sea mucho más pobre que el de los niños que, aun viviendo en países subdesarrollados, poseen la experiencia de ese temblor. En ese sentido todos los recién nacidos son como pequeños discapacitados, ya que nacen incompletos, y basta con compararlos con otras crías del reino animal para saber hasta qué punto esto es así. Aún más, su belleza surge precisamente de esa inmadurez con la que llegan al mundo. Un niño que no puede andar, un niño ciego o sordo presenta un evidente déficit en relación con las facultades propias de los niños normales, pero en lo esencial no son distintos de ellos.

Todos quieren vivir, todos se sienten insatisfechos e incompletos, todos tiemblan sin saber la razón, pues eso es la vida: el temblor de lo desconocido.

# La piel de la suerte

En un cuento de los hermanos Grimm, un conde que no logra educar bien a su hijo decide mandarlo a la ciudad para ver si aprende algo de provecho. El hijo regresa pasado un año y, cuando el padre le pregunta, él le dice que ha aprendido cómo ladran los perros. Al conde le parece una solemne estupidez y decide darle una nueva oportunidad mandándolo a otro pueblo con otro maestro. Pero cuando pasa un nuevo año y descubre que esta vez ha dedicado su tiempo a comprender la lengua de los pajaritos, se desespera y piensa que es una verdadera desgracia haber tenido un hijo tan tonto. Hay un tercer intento, y lo que el hijo aprende es lo que dicen las ranas cuando croan. Entonces el conde, que ve a su hijo como un caso perdido, le manda matar. Pero a sus soldados les da pena y le abandonan en el bosque. Y a partir de ese instante lo que descubriremos es lo provechoso que le resulta conocer esos lenguajes, pues gracias a ellos puede escuchar lo que hablan los animales, descubre secretos que le permiten ganarse la admiración de todos y termina ni más ni menos que siendo Santo Padre en Roma. Un Santo Padre al que las palomas le dictan lo que debe decir en la misa.

Es un tema que se reitera en los cuentos maravillosos, el del niño o el hombre que, al aprender esas lenguas olvidadas que lo ponen en contacto con el mundo natural, adquiere una sabiduría que le permite salir airoso de sus aventuras. En los cuentos de los hermanos Grimm abundan los ejemplos. En *La cenicienta*, la muchacha habla con

los pájaros y los árboles. Al árbol que hay junto a la tumba
de su madre le pide oro y plata; a los pájaros, un vestido
que le permita ir a la fiesta. En *El pescador y su mujer*, un
hombre pesca un rodaballo que se pone a parlotear en
sus manos y le promete concederle sus deseos si lo suelta.
En *La serpiente blanca*, un muchacho prueba la carne de
una serpiente blanca que todos los días debe servir al rey,
y descubre que gracias a ella puede entender lo que se
dicen gorriones y patos y así logra enterarse de dónde
está el anillo de oro que ha perdido la princesa. En *Los tres
cuervos*, un niño, gracias a tres cuervos que salvó cuando
eran polluelos, consigue una manzana del árbol de la vida,
y en *Hermanito y hermanita*, una joven logra regresar de la
muerte gracias al vínculo que mantiene con su hermano
convertido en ciervo.

"Todo lo que sabemos es por gracia de la naturaleza",
escribió el último Wittgenstein y, ciertamente, los personajes de estos cuentos mantienen con el mundo unos
vínculos que escapan a lo meramente utilitario y que les
permiten detenerse y aprender a escuchar lo que sucede
a su alrededor. Unos vínculos que los exponen a todo
tipo de maravillas y peligros. En realidad, el mundo de
los cuentos está lleno por igual de hechos ordinarios y
extraordinarios, algunos afortunados y otros terroríficos.
Un árbol cubre de oro y plata a Cenicienta, pero en el
mismo cuento una madrastra cruel la maltrata y hace vivir como un esclava. La casita comestible que encuentran
Hansel y Gretel es a la vez el lugar de la muerte, pues en
ella vive la bruja que los quiere comer. En otro cuento un
campesino descubre que debe entregar a su propia hija al
diablo, y hasta llega a cortarle las manos, pues tiene que

cumplir un pacto que ha hecho con él. Luz de las tinieblas y luz del cielo, así es la luz de los cuentos. En ellos conviven lo delicado y lo atroz, lo tierno y lo hosco, los seres generosos y los malvados. Y pocos ha habido más duchos en este arte de deslumbrarnos y ponernos los pelos de punta que los hermanos Grimm, en cuyos cuentos no deja de expresarse ese dualismo esencial de nuestra naturaleza, que hace que placer y pena tengan que ir de la mano. Tal vez por eso, el mensaje más reiterado de sus cuentos es que hay que ser valeroso. Lo que no quiere decir que no debamos sentir miedo. Es más, casi todos los personajes de los cuentos son miedosos, pues el miedo no es sino la conciencia de nuestra fragilidad, y de que algo esencial está en juego, aunque haya que saber vencerlo. Ése es el problema del protagonista del *Cuento del que fue a aprender lo que era el miedo*, un muchacho al que todo le da igual porque desconoce lo que es el miedo. Hasta que termina casándose con una princesa y ésta, con ayuda de una de sus doncellas, le arroja por encima un balde lleno de agua y de pececillos que al moverse sobre su cuerpo lo hacen temblar por primera vez. Una cama empapada, un mundo de aletas y colas, escalofríos, una novia que quiere jugar... Lo que sea que signifique todo eso, es indudable que tiene que ver con el amor. Por eso tiembla, porque no sabe qué le pasa ni qué tiene que hacer, que es lo que suele sucedernos cuando descubrimos que amamos a alguien. Eso es un personaje de cuento, alguien que tiembla. Y los personajes de los cuentos de los hermanos Grimm lo hacen sin parar. Tiemblan de frío, de miedo, de placer, de pena. Pero ¿acaso es posible otra cosa? No, porque la vida es deseo, y los deseos nos llevan al encuentro con

los demás, incluidos los individuos de las otras especies; y
por eso nos exponen, pues nos enfrentan a lo incierto y
lo desconocido de la vida y del mundo. Puede que nuestra razón no tenga mucho que decir, por ejemplo, sobre
el deseo, tan antiguo como el pecado original, de comprender mágicamente la lengua de los animales, pero los
cuentos empiezan justo donde nuestra razón se detiene.
Por eso son tan necesarios.

Los cuentos nos enseñan que la vida está llena de reinos con los que el ser humano ha roto sus relaciones y
que debemos explorar. Uno de esos reinos podrían ser los
animales y su vida enigmática y silenciosa, pero hay otros
muchos. El mundo de los objetos inanimados, el mundo
de la naturaleza, el del sexo, el de la muerte, el de la fantasía. Y en los cuentos de los hermanos Grimm hablan
los objetos, las hojas tienen poderes curativos, las grutas
esconden secretos que nos conciernen, el amor aparece
súbitamente, los muertos nos visitan, y criaturas de otros
mundos pululan a nuestro lado como por un patio de vecinos. La recuperación de esa continuidad perdida entre
todas las criaturas del mundo es una de las ideas que más
se reitera en los cuentos maravillosos.

Y es curioso que quienes hacen posible esa continuidad sean los personajes más insignificantes y pobres. Seres
a los que algo —un defecto físico, la pobreza, un compromiso anterior a su nacimiento— les hace llevar una vida
de soledad y exclusión. Que no pueden hablar, que han
perdido sus manos, a los que sus padres abandonan, que
sufren la falta de amor, y que, sin embargo, a causa de esa
ética de la inversión que preside el mundo de los cuentos,
están más cerca de lo verdadero. Que viajan al corazón

mismo de las tinieblas y regresan coronados por una pequeña llama.

En uno de los cuentos de los hermanos Grimm, una niña bondadosa lleva una estrella en la frente. Pues bien, los personajes de los cuentos suelen venir a nosotros coronados por estrellas o llamas, y es eso lo que los hace inolvidables. Cenicienta lleva una de ellas, como también la llevan Hansel y Gretel, o Rapónchigo, o Hermanita, o esa niña que tiene que pasarse siete años sin poder hablar ni reír para conseguir desencantar a sus hermanos. Y, por supuesto, Caperucita. En nadie es más visible que en ella. En realidad, esa caperuza roja, que los psicoanalistas relacionan con el despertar de la pubertad, no es sino el reflejo sobre su ropa de esa llama que lleva sobre su cabeza. Y yo no digo que esas interpretaciones que hablan de los peligros que corren niños y niñas, sobre todo si se detienen a hablar con extraños, no sean reales, sino que no debemos olvidar que *Caperucita roja* es un cuento, no una crónica de sucesos. Y es así como hay que leerlo. Porque es verdad que el lobo se quiere comer a Caperucita, pero no lo es menos que a los protagonistas de los cuentos suelen sucederles cosas así. Todos despiertan grandes pasiones a causa de esa llama que llevan sobre su cabeza. Es la llama del candor. En nuestros tiempos no se ama el candor. Empiezas a hablar de él y te tiran tomates (que, por cierto, también son rojos). Pero los cuentos de hadas son indisociables del candor, como lo son de la perversidad. Eso es un cuento: el encuentro de un personaje candoroso con uno perverso. Y pocos cuentos representan mejor ese conflicto que *Caperucita roja*. Caperucita representa el candor, y el lobo, la perversidad. No es cierto que el mensaje de este cuento sea advertir a los niños que deben hacer caso a los mayores y obedecerlos, y que si no lo hacen se verán envueltos en todo tipo de dificultades. Los cuentos enseñan cosas, pero no tienen que ver con la educación normativa. Su mundo no es el mundo de las prohibiciones sino el de la libertad y el asentimiento. También el del compromiso, pero éste no está reñido con la aventura. La voz de los cuentos no es una voz que amonesta o frena, sino que desafía e invita, que nos dice, en suma, que no debemos renunciar a los sueños. En *La muchacha sin manos*, un ángel conduce a la desventurada muchacha a una pequeña casa en cuya puerta hay una plaquita donde puede leerse: "Aquí viven todos libremente". Es la casita a donde todos los personajes de los cuentos quieren llegar. Para ello tienen que ser atrevidos. Sí, eso es lo que nos dicen los cuentos, que es imposible no dejarse tentar, porque su mundo es el mundo del deseo. Y el deseo es llamada, atrevimiento, irse detrás de lo que suscita nuestra curiosidad. En *Hermanito y hermanita* se le dice a un niño que no debe beber de la fuente porque de hacerlo se convertirá en un cervatillo, pero el niño no hace caso y es justo eso lo que le pasa. Y entonces hay cuento, porque si no lo hubiera hecho, ¿qué habríamos podido contar? Es lo que pasa en *Caperucita roja*: el lobo se cruza con la niña en su camino y la convence para que siga un camino distinto. Y a ella le parece una idea estupenda.

Érase una vez una pequeña y dulce muchachita que en cuanto se la veía se la amaba, pero sobre todo la quería su abuela, que no sabía qué darle a la niña. Un buen día le regaló una caperucita de terciopelo rojo y, como le sentaba muy bien y no quería llevar otra cosa, la llamaron Caperucita roja.

Los hermanos Grimm son especialistas en buenos comienzos, y ése es sin duda uno de los más hermosos. Una niña a la que todos tienen que amar, y a la que su abuela, que la ama tanto que no sabe qué tiene que darle, como suele pasarnos cuando amamos a alguien, regala una caperuza de terciopelo rojo. Una caperuza de la que se nos dice, por cierto, que le sentaba tan bien que la niña no quería llevar otra cosa. ¡Qué importa lo que significa! Un niño escucha este cuento y sólo quiere tener una caperuza así. Los psicoanalistas la relacionan, por su color rojo, con la pubertad. El color rojo representa la sangre, es decir, la llegada del ciclo menstrual. Por eso las niñas deben andarse con ojo, porque se han vuelto deseables. Puede que no sea fácil sustraerse a esta interpretación, pero el adulto olvida que los cuentos maravillosos están escritos en una lengua que no puede entender. Una lengua tan antigua y tan misteriosa como la vida. Puede recogerlos y clasificarlos, puede volverlos a contar, pero nunca sabrá exactamente lo que está en juego cuando los cuenta, porque su mundo sólo pertenece a los niños, y ellos, aunque quisieran, no se lo sabrían explicar.

Pero si no es posible saber lo que significan los cuentos, sí es fácil darse cuenta de cuándo llegan al corazón de los niños. Y *Caperucita roja* no ha dejado de hacerlo desde que se empezó a contar. No sólo al corazón de los niños y niñas mayorcitos, a punto de entrar en la pubertad, sino también de los muy pequeños, aquellos para quienes la sexualidad aún no cuenta para nada. Y si aman a Caperucita es porque también ellos quieren llevar una llama en la frente. Si alguien lleva una llama o una estrella sobre su frente, todos tienen que pararse a mirarlo. Lo miran y lo aman al instante, porque todo tiembla a su alrededor, como pasa cuando llevamos una vela de un cuarto a otro por una casa a oscuras. Todo tiembla como si estuviera vivo. Eso es lo que representa la caperuza que la protagonista de este cuento se pone sobre la cabeza: que lleva sobre la frente la llama del candor y de la bondad. Nadie como los hermanos Grimm supo dar a los personajes de sus cuentos esas dos maravillosas cualidades. Están en Cenicienta, están en Gretel, están en Rapónchigo, en la muchacha sin manos y en la Doncella de Oro. Y no hay personajes menos ñoños que ellas. Son curiosas, inteligentes y siempre encuentran la manera de salir adelante. Una de ellas es capaz de permanecer muda siete años para salvar a sus hermanos, a quienes una bruja ha transformado en cuervos. Eso es la bondad, el poder de salvar. Y como recompensa, porque el mundo de los cuentos es indisociable de la justicia, al final todo se arregla para ellas. Ése es el tema de *Los tres pelos de oro del diablo*, donde un niño nace con la piel de la suerte alrededor del cuello, y ya desde recién nacido es capaz de sobrevivir a las situaciones más adversas. En realidad todos los personajes de los cuentos han nacido con esa piel de la suerte alrededor del cuello. Son personajes con suerte, que es una cualidad que tiene que ver con la gracia. Y lo que nos dicen los cuentos es que esa cualidad suprema y misteriosa está repartida por todas partes, aunque no seamos capaces de percibirla. Aún más, hay ciertos seres que tienen el poder de desprenderla a su paso, como aquel polvo dorado que, en *Peter Pan*, se desprendía del cuerpo de

Campanilla y que permitía a los niños humanos volar. Eso pasa con estos personajes, que desprenden ese polvillo encantado. Lo desprenden sin darse cuenta, y vuelven a ser posibles las cosas más impensadas. "¿Por qué no echas una ojeada a tu alrededor?", le dice el lobo a Caperucita para tentarla. "Caperucita abrió los ojos y cuando vio cómo los rayos del sol bailaban de un lado para otro a través de los árboles y cómo todo estaba tan lleno de flores…", pensó que podía tomar algunas flores para su abuelita. Y se fue por el otro camino. Es lógico que sea así, pues los perso najes de los cuentos suelen fijarse en cosas que nosotros pasamos por alto. Ésa es una de sus enseñanzas: que hay que estar atento. El criado de *La serpiente blanca*, Cenicienta, el fiel Juan o Pulgarcito no serían nada sin esa suprema atención que les hace encontrar en su medio la ayuda que les permite seguir adelante. Tal vez por eso los cuentos de los hermanos Grimm suelen terminar bien. A Caperucita se la come el lobo, pero un cazador que pasa por allí logra salvarla abriéndole la barriga, que es lo que pasa en *Los siete cabritillos*; pero también en *El sastrecillo valiente* y en *Los músicos de Bremen* al final termina resplandeciendo la justicia. Eso esperan los niños cuando se les cuenta un cuento: sentir que el bien es más poderoso que el mal. Puede que sea lo contrario de lo que pasa en la vida, pero los cuentos existen para decirnos cómo es la vida y también cómo podría ser.

Si es cierto que sin personajes candorosos no podrían existir los cuentos, tampoco los habría sin los personajes perversos. Y en los cuentos de los hermanos Grimm también hay una galería completa del segundo tipo. De todos ellos el que se lleva la palma es el lobo de *Caperucita roja*. Todo el cuento es la obra del más sofisticado de los perversos. No se come a la niña cuando la ve, sino que le pide que vaya por otro camino. Luego va a casa de la abuela, se la traga de un bocado y, disfrazado con sus ropas, ocupa su lugar en la cama. Entonces comienza la escena en que Caperucita le va preguntado por su aspecto tan extraño, y él le responde con esas fórmulas que siguen maravillando a todos los niños. Es una de las escenas más inolvidables del mundo del cuento. Y si a todos los niños les encanta es porque también ellos son perversos. Es decir, son curiosos, se desvían del camino porque quieren saber, descubrir los misterios de los adultos, abrir las puertas prohibidas, probar los frutos que se les niegan, aprender idiomas nuevos, comunicarse con otros mundos y otros linajes. Eso es el deseo: la sed insaciable de alteridad. Los cuentos de los hermanos Grimm están llenos de cosas extraordinarias. Los objetos viven, hay princesas enamoradas de las jaulas de oro, gigantes que se asustan con facilidad, casitas que se pueden comer, patos y ranas que hablan, pequeñas niñas mancas y muchachas cuyas lágrimas impiden la llegada del diablo. Lo extraño es que los niños acepten todo esto sin ningún problema, como si para ellos fuera lo más normal. Esto no quiere decir que un niño que escucha un cuento en que los animales pueden hablar vaya a ponerse a hablar con el primer perro que encuentre, y se decepcione al no recibir respuesta. Pero sí que es justo eso lo que le gustaría que sucediera. Los cuentos de hadas no hablan del mundo tal y como es sino de nuestros deseos respecto a él. No de lo real, sino de lo verdadero. Y la verdad sólo la podemos tener un momento. Cenicienta logra cumplir su sueño de acudir al baile donde se encontrará con el príncipe, pero tiene que abandonarlo poco después. Los cuentos son ese palacio encantado.

Conducen al niño a un mundo deslumbrante y perfecto, un mundo hecho al fin a la medida de lo que anhela, pero le dicen que tendrá que abandonarlo si quiere regresar al mundo real. Puede que esto sea un poco triste, pero la vida es así, y no es bueno engañarlos sobre lo que van a encontrar al crecer. Además, no regresarán con las manos vacías. Cada uno se traerá una cosa. Algo que les ayudará a vivir, a ser más fuertes, pero también más nobles y generosos. Y los cuentos de los hermanos Grimm están llenos de esos dones impagables. El zapatito de cristal de Cenicienta, las trenzas de Rapónchigo, la caperuza roja de Caperucita, un niño que es como un pulgar, una casita cuyas paredes se comen, un cabritillo escondido en el hueco de un reloj, una niña manca a la que su padre le hace unas manos de plata... son algunas de las imágenes que el niño se traerá de estos cuentos. Imágenes que hablan de esa presencia de lo verdadero en sus vidas. Todas ellas se resumen en el camino de guijarros que Hansel y Gretel dejan a sus espaldas para poder regresar a su casa. Los hermanos Grimm cuentan que esos guijarros, a la luz de la luna, brillaban como monedas de plata. Esa escritura de luz es la escritura de los cuentos maravillosos. La vemos brillar en la noche y gracias a ella sabemos que no estamos perdidos.

# La tercera oreja

¿DEBEN SEGUIR PUBLICÁNDOSE libros de cuentos tradicionales? ¿En la actualidad tiene sentido para el lector común su lectura o tales cuentos apenas sirven para otra cosa que para engrosar el material que folcloristas y antropólogos atesoran en sus bibliotecas? José María Guelbenzu se plantea esta espinosa cuestión en el prólogo a su libro *Cuentos populares españoles*. En él afirma haber escrito el libro pensando sobre todo en los lectores de hoy. Y habla de su empeño de *reescribir* unos textos, que en su origen fueron orales, pensando sobre todo en el hombre y la mujer actuales ¿Pero de verdad estos cuentos, pertenecientes a una remota tradición popular, pueden proporcionar algún placer y uno que otro estremecimiento a los lectores de ahora, y ayudarles a comprender mejor el mundo en que viven?

En uno de estos cuentos tres hermanas van a lavar a la fuente cuando aparece el hombre del saco. Las tres huyen y el hombre las persigue hasta dar alcance a la más pequeña que, por ser coja, no puede correr con la misma velocidad que sus hermanas. La mete en el saco y entonces comienza el verdadero cuento, que es el cuento de esa esclavitud, del saco que canta y de la aplazada vuelta a casa. En *El flautista de Hamelin* hay un niño como esta pobre desgraciada. Aparece al final del cuento, cuando el flautista, molesto porque las autoridades del pueblo no le pagan lo prometido por liberarlas de la plaga de ratas, decide en

venganza llevarse a los pequeños. Hace sonar su flauta
en la noche y los niños se van detrás encandilados, hasta
que el cortejo, tan dulce como terrible, desaparece en un
hueco que se abre en las mismas montañas. ¿Desaparecen
todos los niños? Todos menos uno cojito que, por no poder andar tan deprisa como los demás, se queda rezagado
y sólo puede asistir desde la lejanía al instante en que el
flautista arrastra para siempre a sus amigos al interior de
la tierra. En ambos casos tenemos un cuento gracias a
que uno de los personajes tiene un defecto que lo hace
diferente de los demás. En los cuentos, no ser como los
otros significa casi siempre verse obligado a hacerse cargo
de algo, en el doble sentido del término: el de cargarlo y
el de hacerse responsable de ello. Pues bien, no hay relato
sin alguien que cumpla esa tarea y en los cuentos reco-
pilados por Guelbenzu abundan los ejemplos. Hay una
mujer que está presa con su bebé en el interior de una na-
ranja, un pobre jorobado al que le espanta su fealdad, una
princesa que se quiere casar con tres príncipes a la vez,
otra que se queda dormida al pincharse con una rueca, un
pescador que se apiada de los peces que pesca, un niño
pequeño como un cañamón, y tantos otros abrumados
y dulces, porque está claro que es para hablar de seres así
para lo que existen los cuentos. O dicho de otra forma, es
la debilidad de sus protagonistas lo que hace posibles los
cuentos. Pero habría que preguntarse por el significado de
esa debilidad. Porque, ¿y si no fuera sólo lo que parece?
¿Si esa cojita, por ejemplo, sólo en apariencia fuera una
inútil y su torpeza fuera la de esos seres que, concebidos
para vivir en un medio, se ven obligados a permanecer en
otro: la de los patos en la tierra, la de las focas y los leones

marinos en las piedras de los acantilados? Esas criaturas
son portadoras de un secreto, y haremos bien en prestarles
atención. No es otra cosa lo que nos dicen los cuentos:
esto es el secreto, algo que falta, el vestido y los zapatos
que se esconden (¿con qué iríamos a la fiesta?), porque la
verdadera vida siempre falta. Y cuando contamos o escu-
chamos un cuento lo que hacemos es recuperar esa vida
para el mundo y recibir o entregar con ella una tercera
oreja. Una oreja que no nos pertenece enteramente, pero
que debemos aprender a hacer nuestra, como sucede en
*El cuarto prohibido*, uno de los relatos recogidos por José
María Guelbenzu en su libro *Cuentos populares españoles*.

En ese cuento estremecedor, un gigante, después de casarse con una muchacha y llevarla con él a su castillo, le da
una oreja y le pide que se la coma; pero a ella, claro, le
da asco, y la tira detrás de un armario. Vuelve el gigante y
pregunta a la oreja que dónde está, y la oreja se lo dice.
Entonces el gigante mata a la joven. Y así pasa también
con su segunda esposa; pero la tercera, que es la hermana
pequeña de las otras, en vez de tirar la oreja se la guarda
bajo las ropas, pegadita a su barriga (¿puede desearse, por
cierto, un sitio mejor para quedarse?). El gigante pregunta:
"¿Dónde estás, oreja?", y la oreja le responde que en la
barriga de la muchacha, con lo que se da por complacido
pues cree que se la ha comido. Y así la muchacha no sólo
salva su vida sino que un poco después puede descubrir
el cuarto de los despedazamientos, porque también este
cuento, como el de *Barba Azul*, tiene un cuarto así, y logra
salvar también a sus maltrechas hermanas.

Eso hacen los cuentos maravillosos. Nos entregan una tercera oreja y nos obligan a hacernos cargo de ella. ¿Y por

qué debemos hacerlo? Porque la oreja nos pone en contacto con ese cuarto, metáfora del corazón humano, en el que lo que está en juego no es tanto nuestro propio ser como la salvación del mundo. Los cuentos formulan una y otra vez esa promesa de salvación, y por eso no sólo son imprescindibles sino mucho más necesarios que tantas crónicas precipitadas de la actualidad; aunque a muchos lectores, demasiado apegados a las modas del momento, les puedan parecer anticuados e inútiles. Los cuentos nos entregan una tercera oreja con la cual percibir las voces escondidas del mundo.

# La literatura infantil

NO CREO QUE LA LITERATURA esté en peligro, ni pueda estarlo nunca, al menos mientras sigan existiendo los niños. Por una sencilla razón, porque los niños no pueden vivir sin relatos. Sus madres y padres lo saben y por eso no dejan de hablarles, incluso cuando son tan pequeños que es obvio que no pueden entender lo que les dicen. No importa, ellos han nacido con un instinto que les permite reconocer las palabras que merecen la pena, aunque no las entiendan. ¿Y qué otras palabras pueden merecer la pena sino las que nos proporcionan placer? Los niños, escribió Isaac Bashevis Singer, no soportan que se les cuenten cosas aburridas, detestan el principio de autoridad y son maravillosos detectores de esos delicados mecanismos que rigen nuestras más locas pasiones. "Creen en cosas increíbles y maravillosas, como la familia, los demonios y los ángeles, en el poder de los números y de las palabras, y en la posibilidad de entender la lengua de los animales". Por eso, todos los que se preocupan por el porvenir de los libros pueden estar tranquilos, ya que los niños siempre vendrán al mundo sabiendo latín. La literatura tiene que ver con las esperanzas del ser humano, y basta con que nazca un nuevo niño en el mundo para que éstas se vuelvan a renovar.

Deberíamos tener confianza en que esto es así, en vez de obsesionarnos tanto con el hecho de que los niños lean. Mareamos a los niños diciéndoles a todas horas que lean y los amenazamos poco menos que con las penas del infierno si no lo hacen. Hemos hecho del mundo de los libros algo así como el parque temático de la sensibilidad, la inteligencia y el buen gusto, del que lógicamente quedan excluidos aquellos que no leen y, sinceramente, no creo que sea para tanto. Conozco a grandes lectores que son verdaderos patanes. Aún más, no forzosamente nos deben dar pena los niños que no leen. Bien mirado, puede que vivan más cercanos a la literatura que muchos otros.

Podría escribirse un cuento con un argumento así. Un niño que no entiende la lengua de los cuentos. Que no puede leerlos y al que sin embargo es a quien le suceden las verdaderas aventuras. De hecho, una buena parte de los personajes de los cuentos tienen alguna carencia. No hablan, no pueden andar, son infantiles y torpes, no co-nocen su propio origen… Y esa carencia básica, ese existir incompleto es lo que los transforma en los protagonistas de las más bellas historias. O dicho de otra forma, esa falta los pone en contacto con todo aquello de lo que también el mundo carece, los transforma en habitantes de esa irrea-lidad. Como le pasa a Jack, el personaje de *Las habichuelas mágicas*, cuya inocencia lo lleva a "dejarse engañar" cam-biando su vaca por cinco habichuelas. Pero éstas, que son mágicas, lo conducirán a ese reino extraño en las alturas donde ogros y gallinas que ponen huevos de oro conviven con esplendorosa naturalidad. Jack podría ser uno de esos niños que no aprenden a leer, pero que por esas maravi-llosas compensaciones de los cuentos son los receptores de la gracia. Como psicólogo tuve que enfrentarme mu-chas veces al problema de la dislexia y al sufrimiento que acarrea en los niños tal dificultad. Mucho más en una época como la nuestra, en la que la propaganda ha hecho de la lectura un requisito para el éxito. Pero la lectura no es eso. La lectura es credulidad, deseo de aventura, búsqueda amorosa.

El mundo está lleno de gente que carga esos libros horrendos que se venden por millares y que se exhiben como si fueran grandes lectores, cuando todos sabemos que leer tales libros no supondrá para ellos ningún cambio, ningún riesgo, el planteamiento de ninguna pregunta. El mundo de los cuentos tiene que ver con recibir esas habichuelas mágicas. Y siempre que un niño se pregunta por algo, y lo hace de verdad, queriendo saber, arriesgándose en esa búsqueda, pertenece a ese mundo. Aunque luego algo le aparte de los libros y no acierte a leer ni una de sus páginas.

A los padres que se preocupan tanto por la lectura yo les diría que lo verdaderamente importante no es lo que sus hijos lean o dejen de leer, sino que lleguen a ser los protagonistas de sus propias vidas. O dicho de otra forma, la verdadera historia, por la que serán juzgados, es la que escribirán con su propia vida. Y es bueno, claro está, que para escribir esa historia recurran a la lectura de los libros, y a través de ellos escuchen otras voces y puedan acceder a otras realidades, pero lo importante es que lo hagan con esa mezcla de fascinación y responsabilidad que reclama el mundo de los cuentos. La literatura tiene que ver con el amor, que es encantamiento, atención, desvelo… Y, sobre todo, alegría. Hacer posible lo que no lo parece, restablecer el reino de la posibilidad, es lo que entiendo por alegría.

Y esa alegría está en todos los grandes cuentos, incluso en los más dolorosos. "Jamás renunciaría a toda la locura de este mundo, a pesar de su infinita tristeza", escribió William Faulkner. La alegría es apostar por la locura de vivir. Es lógico por ello que queramos que los niños lean esos grandes cuentos. Y lo mejor para lograrlo es conseguir que la lectura y los libros pasen a ser algo tan natural y gozoso para ellos como ver a su madre haciendo un bizcocho. Me acuerdo de cuando veía a la mía leer. Una de las escenas más misteriosas que puede presenciar un niño es ver a alguien querido ensimismado en las páginas de un libro. Lo obliga a preguntarse qué hace realmente, dónde está, qué guarda en sus pensamientos. Y los libros le permiten adentrarse en ese secreto que esconde.

San Juan de la Cruz decía que un pensamiento vale más que el mundo, lo que es lo mismo que decir que el verdadero misterio de la vida está en los pensamientos. Y existen libros que exploran ese mundo de los pensamientos. Entre ellos, todos los grandes cuentos maravillosos. Si tuviera que elegir alguno me quedaría con los cuentos de los hermanos Grimm, los de Andersen, y *Peter Pan*. Hay otros muchos, pero todos remiten a ese triunvirato esencial. En los hermanos Grimm está la fascinación y la curiosidad; en Andersen, la tristeza; en Peter Pan la nostalgia del paraíso... Los personajes de cuento que más amo son la Sirenita y Wendy. Nadie ha encarnado con más delicadeza el misterio del amor que la Sirenita; y Wendy... ¿qué puedo decir de ella? Siempre he pensado que Peter Pan tuvo una suerte increíble por poder volar a su lado. De hecho, es su proximidad lo que la transforma en el personaje inolvidable que es. Sin ella Peter Pan apenas sería otra cosa que un pequeño psicópata. Lo importante es lo que le pasa cuando está junto a ella, que es, no lo olvidemos, la gran contadora de cuentos. Los cuentos tienen esa misma función... Permitirnos volar, pero también encontrar la manera de regresar al mundo real, que es el mundo que compartimos con los demás. Siempre quise ser Peter Pan, pero no, como suele pensarse, porque no quisiera crecer, para mantenerme en una niñez eterna, sino para poder entrar por la ventana del cuarto de Wendy, que es, con Campanilla, el verdadero misterio del libro. Quería ser Peter Pan sólo para poder estar a su lado...

Tal vez por eso no concibo diferencias entre mis libros para niños y mis libros para adultos. Supongo que el que piense en unos u otros tiene que ver con la historia que voy a escribir. Si es una historia en que aparecen dragones, duendes u otras criaturas fantásticas pienso en los niños como lectores; si trata del fracaso de nuestros sueños o los tormentos del amor, pienso en los adultos. Lo importante es amar la historia que quieres contar, que sea necesaria para ti, que sientas que tienes que contársela a alguien para que no acabe perdiéndose. En mi libro *Una miga de pan*, un personaje dice:

> ¿Sabes lo que pensaba mi madre? Que las historias no se pierden nunca, ni siquiera las que se cuentan en los desiertos o en las cuevas más oscuras. Ella decía que si son bonitas o verdaderas siempre hay alguien que las aprovecha. Tal vez un prisionero, o un animal que ha aprendido la lengua de los hombres. Alguien que escucha esa historia y la guarda en su corazón para luego ofrecérsela a los que quiere.

Yo pienso eso mismo. Las historias deben ser verdaderas y deben surgir como un acto de amor. Cuando se dan esas dos condiciones, antes o después encontrarán a alguien que las haga suyas y que las guarde en su corazón como el mayor de los tesoros.

En los cuentos están presentes todos los grandes temas que afectan a la condición humana: la pregunta por el bien y el mal, por el dolor y la dicha, por el amor y la pérdida. Los cuentos tratan de todo esto y lo hacen intentando transmitir el sentimiento de que la vida, a pesar de todas sus locuras, merece la pena y el mundo es un lugar tan extravagante como lleno de imprevistas maravillas. No creo que pueda transmitirse a los niños un mensaje ni más realista ni más alentador acerca del mundo y del papel de los sueños.

Por eso, cuando leemos esos estudios que nos revelan que los niños y adolescentes españoles leen poco y muestran un elevado índice de fracaso escolar, es lógico que nos preocupemos y que queramos encontrar la manera de conseguir una mayor vinculación sentimental entre el niño o el adolescente y la lectura. Y a mí me parece que el camino para lograrlo es, en primer lugar, contarles más cuentos cuando son pequeños. Debe devolverse la literatura al lugar de la intimidad. Es decir, los niños deben ver en los cuentos un momento privilegiado de su relación con el adulto.

C. S. Lewis dijo que la literatura infantil es aquella que también gusta a los niños, y estoy de acuerdo con esta definición. Un libro para niños o jóvenes antes que nada debe ser un libro de verdad, es decir, buena literatura. Aceptado este presupuesto, la diferencia entre la literatura para adultos y la literatura para niños puede que se encuentre en el tipo de historias que se cuentan. Se suele pensar que el mundo de la fantasía es más infantil, y el realista, más apropiado para los adultos. Pero no lo tengo tan claro. Todos los niños disfrutan con las historias realistas, y es raro el adulto que no sienta interés por las historias fantásticas. Pensemos en los cuentos de hadas. Puede que un cuento como *La bella durmiente* haya sido pensado para ser contado a los niños, pero el adulto al que deje de emocionarle haría bien en empezar a preocuparse. Lewis solía decir que alegrarse de haber perdido el gusto por lo fantástico es como celebrar que vayamos perdiendo el pelo y parte de nuestra dentadura con el paso de los años. Lo importante es lo que ganamos en ese proceso, no lo que dejamos atrás.

En *Tres cuentos de hadas,* y pido perdón por volver a citarme a mí mismo, puede leerse:

> Pero la vida siempre nos da sorpresas, al menos si sabemos resistir. Pensamos que ya nada puede cambiar, y que siempre será así de oscura y difícil, y de pronto hallamos la manera de arrancar a la noche un poquito de luz y de encontrar la felicidad en el dolor.

Y, en efecto, al igual que Tolkien creo que la vida es "una bella catástrofe". Es decir, una aventura extravagante pero llena de hermosura. Y sus grandes enigmas son el dolor y la alegría. No puede negarse que existe el dolor, pero tampoco que existen la alegría, la belleza, la luz. Es extraña esa belleza: contiene la idea de la salvación, y sin embargo sabemos que no seremos salvados, ya que a todos nos aguarda la muerte. Yo no acepto la muerte. Me rebelo contra la idea de su inevitabilidad. Por eso, todos los personajes que me gustan luchan contra ese destino fatal. El mensaje de un cuento como *La bella durmiente* es que se puede despertar de la muerte, que es por otra parte el mensaje de todas las

religiones. Todos los grandes cuentos que existen nos dicen
que la vida es un don maravilloso que debemos conservar
y cuidar. Todos nos dicen que debemos estar agradecidos.
O dicho de otra forma, que debemos dar las gracias porque
existan los ríos, los perros, la música y los niños. Todo eso es
sagrado y nadie tiene derecho a ultrajarlo. Algunas personas,
no es posible saber por qué, están enemistadas con las mejores cosas de la vida. Por eso es importante contar cuentos
a los niños, para que cuando crezcan no sean como ellas.
La voz que se escucha en los cuentos es la voz del cuidado,
no la de la muerte. Tal vez por eso, nada me gustaría más
que creer en un dios. Me gusta el catolicismo, que fue la
religión de mis padres y de mi infancia. Amo su idea de un
dios personal, su idea del pecado, su respeto por la mujer,
los niños y los animales, su creencia en la igualdad esencial
de todos los seres humanos. Su idea del hombre como naturaleza caída, pues de otra forma, ¿cómo justificaríamos el
mal? Sólo la existencia del demonio puede explicar cosas
tan terribles como los campos de exterminio, o el que un
hombre pueda disparar a otro por la espalda, pensando que
está defendiendo su país o sus ideas. Amo su idea de que la
naturaleza no es una madre cruel, sino una hermana, como
decía san Francisco, una alegre hermanilla con la que poder
reír y bailar. Pero me falta la fe, y lo lamento. Creo que los
que aman los cuentos, como los seres religiosos, son los que
no han sabido dejar la infancia atrás. Pero ¿por qué habríamos de hacerlo?

A mí me gustan las historias fantásticas, que reivindican
la presencia de lo maravilloso, y por eso escribo para niños. Cuando piensas en los niños, y tratas de escribir para
ellos, tienes que tener en cuenta su menor experiencia y

sus limitaciones verbales. Debes buscar palabras sencillas y tratar de escribir de la manera más transparente posible. Pero estas limitaciones son un estímulo para la escritura. Mi aspiración como narrador es tratar de expresar lo más complejo de la forma más sencilla posible, al margen de que esos libros vayan a ser los niños o los adultos quienes los lean. Creo, además, que la escritura que conviene a los cuentos es una escritura impersonal. Alguien dijo que las palabras de la literatura debían ser las palabras desinteresadas. Las palabras que uno escribe no tratando de provocar un efecto, o de prolongar su personalidad, sino como si no te pertenecieran. El narrador no es dueño de lo que cuenta, es un mero transmisor. Se limita a tomar algo de unas manos y a llevarlo a otras. Esa lamparita que se pasan en la noche los desvelados es el símbolo de todos los cuentos que merece la pena escuchar.

Una obra destinada a jóvenes y niños debe tener el poder de encantar, debe ser compleja y debe ofrecer esperanza. No existe para mí literatura sin fascinación y las historias que contamos a los niños tienen, en primer lugar, que darles placer. Pero es importante que sean complejas. El niño espera que las historias que escucha reflejen su propia vida, y puesto que su vida no es sencilla, las historias que le interesan tampoco deben serlo. Y, finalmente, tienen que consolarlo. Creo que la gran literatura debe aportar consuelo, pues es una apuesta contra la muerte.

Por eso he tratado de no perder nunca el contacto con ese mundo tan rico de la literatura popular, y por eso en mis cuentos hay princesas mancas o mudas, dragones y hadas, animales que hablan y todo tipo de maravillosos prodigios. Son personajes que provienen de ese mundo eterno de los cuentos tradicionales y que utilizo procurando no enterarme demasiado bien de dónde vienen ni qué significa lo que hacen. Y si me siento con derecho a servirme de ellos es porque todos siguen vivos en mí. No creo que sean ilusiones. Por todas partes percibimos la belleza del mundo y esos personajes y esas historias son la forma que tenemos de estar a la altura de esa belleza. De la misma manera que la gran literatura amorosa surge del instinto sexual, los cuentos maravillosos lo hacen de ese instinto básico que lleva a los adultos de cualquier especie a proteger a sus crías. La naturaleza se ha encargado de que esas crías sean hermosas, para que no podamos resistir el deseo de estar a su lado. Creo que los cuentos, por encima de otra cosa, surgen del asombro que produce en padres y madres el que sus niños sean tan guapos. "No puedo contarte cualquier cosa, les dicen, tiene que estar a la altura de tu belleza". Así se escribió el *Cantar de los cantares*, y ésta es la razón última de todas las historias maravillosas que se cuentan a los niños: para contemplar sus rostros maravillados mientras nos escuchan.

Siempre he amado, por ejemplo, esas historias en que conviven los animales y los hombres. Los mitos están llenos de relatos en que criaturas que pertenecen a reinos distintos se visitan entre sí. Animales que se enamoran de muchachas, dioses que aman a un mortal… Son historias que hablan de esos vínculos elementales, del origen de la vida, del sueño de una armonía que se perdió. No es tanto una nostalgia del pasado, como de lo que está escondido y no sabemos ver. Es terrible, por ejemplo, lo que pasa con los animales. Por primera vez en la historia el ser humano les ha dado la espalda, no espera nada de ellos, salvo que amenicen sus excursiones gastronómicas o turísticas. El

ser humano urbano no sabe mirar a los animales, y puede
que no quiera hacerlo, para evitar tener que plantearse
cuestiones tan espinosas como lo que se hace con ellos
en sus pueblos durante las fiestas, en los periodos de caza,
o simplemente en la cocina. Me gustaría ser vegetariano,
para no tener que matar nunca a un animal. Pero no sé
prescindir del jamón con tomate, de una buena merluza
o un plato de percebes. ¿Tengo que hacerlo? No lo sé.
En los cuentos hay ogros, y está claro que si están ahí no
es sólo para asustar a los niños, sino para hablar de lo que
también inevitablemente somos, aunque no nos guste, de
esa naturaleza devoradora que nos define. Los cuentos son
puro realismo, como decía Chesterton. Por eso hay en
ellos criaturas aladas y dulces, incapaces de hacer daño a
nadie, pero también ogros y sacamantecas. La literatura es
esa deriva interminable, esa proliferación de identidades.
Saber aceptar las contradicciones. Debe haber la posibilidad de viajar a ciertos lugares de nuestra memoria pero
también de abandonarlos para partir en busca de otros
mundos y otras posibilidades. Lo peor es creerse sólo una
cosa. Ser hombres es estar hechos de fragmentos, y andar
buscando siempre combinaciones nuevas... ¿Quién renunciaría a volar si de verdad pudiera hacerlo?

Pero ¿quién ha dicho que no podemos volar? Para hacerlo está la imaginación. La imaginación tiene que ver
con el mundo de los sueños, de los anhelos, de los deseos
más impostergables. Es una facultad que nos permite ponernos en contacto con zonas de nosotros mismos y de
los demás que habitualmente nos pasan inadvertidas. Los
cuentos son como esos senderos que se internan en el
bosque y nos permiten conocer lo que oculta y acercar-

nos a lo más escondido y encantador. También, una forma de expresar nuestra gratitud por el hecho de vivir. Creo que la vida es un don, un don asombroso, y el mundo de los cuentos habla de lo dulce, maravilloso y, a veces, terrible que es pertenecer a ese país de los vivos.

De pequeño me gustaba jugar a hablar en idiomas inventados. Te parecía que podías decir con ellos cualquier cosa, que te permitían una libertad que con el tuyo te estaba negada. Aunque no supieras muy bien lo que estabas diciendo… Creo que la lengua literaria es un poco así, te da esa libertad tan querida, pero en el fondo hablas sin saber muy bien lo que dices. Es otra manera de formular eso tan repetido de que es la lengua la que habla a través de nosotros. Y, en efecto, la lengua de la que nos servimos es una lengua que antes ha pertenecido a otros hombres. Lo que decimos, pues, no nos pertenece por entero. Shakespeare decía que el amor es demasiado joven para tener conciencia. Así debe ser la lengua literaria: una lengua arrebatada a los sueños, demasiado joven para saber lo que dice.

Hay más ruido de la cuenta en el mundo del libro, y las sucesivas conmemoraciones que lo agitan no hacen más que amplificarlo. Lo ideal sería situarse ante los libros sin saber nada de ellos, como si fueran territorios nuevos que debemos explorar. En la actualidad nadie puede sentarse a leer un libro como el *Quijote* sin sentir detrás a una legión de críticos, profesores y filólogos advirtiéndole sobre lo que se dispone a hacer. Incluso se habla de esos filólogos como si fueran los autores del libro: el *Quijote* de fulano, el de mengano… Pero el *Quijote* lo escribió Cervantes, y no para que fuera leído en las universidades sino por la gente común y corriente. ¿Cabe imaginar a alguien que se sentara a leer este libro único sin saber lo que hace? ¿Imaginar su asombro al encontrarse con esa historia? Eso sería lo maravilloso, poder abrir un libro como si fuera la primera vez que se hace en el mundo, sin saber nada de él. Ni siquiera la época en que fue escrito, ni siquiera el idioma, si está traducido o no. Poder leerlo como se escucha una historia en la oscuridad, confiando en que nos traiga noticias de lo que amamos, que nos consuele de esa oscuridad, que nos ofrezca motivos para seguir viviendo... Y es curioso que la mayoría de las veces, para transmitirnos este amor a la vida, los escritores tengan que recurrir a historias desoladoras.

Cervantes nos dice que debemos amar los sueños, pero su libro termina con la derrota del caballero que sueña. Y Andersen, ¿qué decir de él? Su gran tema es la tristeza. Es cierto que la tristeza forma parte del ser humano y que, por eso, como decía Augusto Monterroso, todas las grandes historias son tristes. Creo que en Andersen hay un grado más, y que su obra se propone como una exploración de ese continente inmenso, tan terrible como dulce, que es la tristeza humana. Y, sin embargo, pocos autores en el mundo han sido capaces de escribir historias más conmovedoras y consoladoras que las suyas. Pensemos en *La sirenita*, por ejemplo. Su gran tema es el amor. El amor como aventura, como entrega, como sacrificio. Su personaje abandona todo cuanto tiene y es —su identidad, su vida, su territorio— para partir en busca de ese otro al que ama. En un mundo que hace de la identidad —personal, nacional, social— la cuestión más importante, yo prefiero estas historias que ven en esa apertura hacia el otro, con todas sus consecuencias, la mayor aventura. No creo que exista posibilidad de vivir sin aventurarse más allá de lo que conocemos y lo que creemos ser, y en eso la sirenita es un personaje ejemplar. Quiere tener además un alma inmortal. ¿Fracasó en su intento? Yo creo que no, porque logra tener una historia por la que siempre será recordada. Y ese territorio de las historias es el que elige el alma para aparecer en el mundo.

El amor y la muerte son sin duda los dos grandes temas con que se tejen todas las historias que merecen la pena, y no creo que sea bueno ocultárselos a los niños. Todos los grandes cuentos hablan del amor, pero también de la desdicha y la muerte. La gran literatura se sitúa en ese territorio que antes ocupaba un cierto tipo de religiosidad. Pero, ¡ojo!, esa religiosidad nada tiene que ver con el lado doctrinal de la Iglesia. No se trata de elaborar normas que nos digan cómo debemos comportarnos, sino de propiciar un estado de disponibilidad y apertura. En el fondo tiene que ver con algo esencial al hombre, la búsqueda de lo valioso. Ése es el tema de todos los cuentos, de ahí la importancia que cobra en ellos un símbolo como el tesoro. En los cuentos, los personajes buscan lo valioso, que es aquello capaz de dotar de sentido a lo que hacemos. Siempre me ha sorprendido la torpeza de la Iglesia católica. Tienen un montón de bellas historias y, en vez de limitarse a leerlas, se empeñan en extraer de ellas enseñanzas precipitadas y simples. Tienen libros que no saben leer. Deberían hacer como los poetas: limitarse a leer sus historias. No comprendo cómo no se dan cuenta de que el consuelo que ofrecen esas historias no es comparable a nada, y mucho menos a sus rancios sermones. Pero también hay otra cosa, inherente al arte de narrar, que esos sermones no pueden ofrecer: la libertad, ese vivir sin por qué del que hablaba el maestro Eckhart.

Me acuerdo de la parábola de las vírgenes prudentes y las vírgenes necias. Las primeras guardaban su aceite esperando la llegada del novio que habría de llevarlas a la boda; las segundas se entretenían en la noche llevando su lamparita encendida, de forma que cuando llegaba el novio habían gastado su provisión de aceite y no podían seguirlo. ¿Con cuál de ellas nos quedamos? Si lo hacemos con las prudentes, nos perdemos el gozo de ese deambular en la noche; si lo hacemos con las necias, nos quedamos sin boda... Creo que las grandes historias son las que aciertan a combinar ambos mundos. El personaje de Peter Pan pertenece al mundo de las vírgenes necias, pero Wendy es una virgencita prudente; y lo mismo pasa con don Quijote y Sancho. El narrador es un perverso con corazón candoroso.

No nos basta con que los libros contengan bellas historias, nos gusta también que sean hermosos, que alegren nuestra vista. Y esto lo saben bien los editores de libros. Es importante que el niño los vea como lo que son, objetos mágicos semejantes a un cofre maravilloso, una lámpara que oculta un genio o una alfombra voladora... Todos esos objetos, como les pasa a los libros, tienen una doble naturaleza. Son objetos comunes, que forman parte de nuestra vida cotidiana —una lámpara, una alfombra, un baúl— y a la vez son puertas, lugares de tránsito, que nos comunican con otros mundos. Pero las puertas siempre han sido lugares sagrados. El escritor japonés Haruki Murakami cuenta en uno de sus libros que los chinos enterraban bajo las puertas huesos de antiguos guerreros y sacrificaban perros para que su sangre los vivificara y así pudieran defender mejor los accesos a la ciudad. Las puertas comunican los distintos mundos, y ésa es la función de la literatura. En cierta forma todos los grandes libros tienen algo de sagrado. Y ese carácter viene precisamente de su poder para vincular mundos que estaban separados: el mundo de los vivos y el de los muertos, el de los adultos y el de los niños, el de los seres humanos y el de los animales, el del hombre y el de la mujer... Y es el alma, nuestra alma, quien realiza esos viajes. Podríamos decir que los verdaderos libros son los que guardan la memoria de esas andanzas del alma. El emperador Adriano dijo que el alma era un huésped caprichoso. Contamos historias para que esa "pequeña alma vagabunda y dulce" siga a nuestro lado en el mundo. O, mejor dicho, las historias son la prueba de que sigue aquí, con nosotros. Cuando el mundo deja de contarnos cosas, es que nuestro huésped se ha ido...

Una tía mía tenía una criada que se llamaba Pilar. Procedía de un pueblecito de Salamanca. Era una muchacha muy imaginativa y cuando iba a vernos siempre le pedíamos que nos contara historias. Cuando empezaba a hacerlo, el tiempo dejaba de existir. Según ella no tenía ningún mérito, pues el mundo estaba lleno de historias que esperaban a ser contadas por alguien. Llamaban a la puerta y mientras corrías a abrirla estabas viviendo una historia de intriga. Un pájaro se posaba a tu lado y eso era el comienzo de un cuento oriental. Encontrabas en los primeros bancos de la iglesia a una pequeña damita, con esas grandes ojeras que suelen denotar una noche de desvelo, y te disponías a escuchar una historia de amor... Siempre que sucedía algo sorprendente, inesperado, algo que nos salía al paso llenando nuestro corazón de preguntas, era señal de que una nueva historia estaba teniendo lugar en el mundo.

Por ejemplo, la historia de los botines blancos. Pilar nos decía que se la había contado un conocido de su pueblo que trabajaba como carbonero en Salamanca. Una tarde estaba descargando carbón en una casa de la Plaza Mayor, cuando un caballero que llevaba unos botines blancos se ofreció a ayudarles. Ellos le habían dicho que así vestido no debía trabajar, pues se arriesgaba a estropear su ropa, pero todo había sido inútil y el caballero se puso manos a la obra. Y todo porque, según sabrían luego por el portero de la casa, allí vivía la mujer que amaba y que lo había rechazado. Aunque lo más extraño fuera que aquellos botines, al terminar el trabajo, siguieran tan blancos como antes de iniciarlo, como si hubiera sido a su amada a quien hubiera estado visitando en secreto en vez de bajar con ellos a la carbonera.

Los enamorados, añadía Pilar, solían hacer cosas muy extrañas, cosas que no tenían explicación, pues era como si siguieran un camino que nadie sino ellos podían ver. Recuerdo que al terminar de contar su relato, Pilar volvió su cabeza y me miró con una extraña fijeza. Tienes algo ahí, murmuró. Y sin darme tiempo a reaccionar introdujo su mano bajo mi camisa y me dio un pequeño pellizco en el hombro. Cuando volvió a sacar su mano, en sus dedos había un montón de pequeñas plumas. "Ah, bueno, murmuró sonriendo, era esto lo que me imaginaba". Yo era un niño bastante curioso, que no podía estar quieto en ningún lugar y, según Pilar, aquellas plumas significaban que antes de vivir entre los hombres había llevado una vida de pájaro. No era extraño, pues cada uno de nosotros había tenido otras vidas, y gran parte de nuestra manera de ser se debía a las mañas que habíamos aprendido en ellas.

Todos hemos comprobado alguna vez el poder que los cuentos tienen sobre los niños. Basta con empezar a contarles uno para que al instante se olviden de lo que están haciendo y su vida entera parezca depender de su desarrollo imprevisible. Y en esto el niño del nuevo siglo no es distinto de aquellos que en Atenas o Egipto escuchaban las historias de sus mayores con el mismo maravillado asombro. Pero ¿qué significan las historias y por qué los niños las necesitan? Como las plumas que aquella muchacha salmantina fingió tomar de mi cuerpo, las palabras de los cuentos nos revelan que no estamos solos, que la vida es una corriente inmensa que compartimos no sólo con los otros individuos de nuestra especie, sino con los animales y los bosques, con las dunas de los desiertos y los cielos salpicados de estrellas. Pero también que debe haber alguien que, como el carbonero enamorado de nuestra historia, esté dispuesto a cargar hasta el fin un secreto.

En una entrevista, el escritor Arturo Pérez-Reverte tuvo que responder una vez más a esa pregunta eterna de para qué escriben los escritores. Para hacerlo, contaba una historia personal. Su profesión, durante muchos años, había sido la de reportero de guerra, lo que le había hecho contemplar todo tipo de crímenes, pues la capacidad del ser humano para el horror y la ignominia no parece tener límite. Esos años de enloquecido deambular, visitando sin descanso países destruidos por la ambición y la locura, le habían quitado literalmente la capacidad de sentir. Por eso se había hecho novelista, para que esos sentimientos perdidos volvieran a él a través de sus historias y sus personajes. No aspiraba a nada más. Tampoco a que lo hicieran sus lectores. Le bastaba con renovar a través de sus libros esos vínculos elementales con la vida, que volvieran a permitirle conmoverse ante la fragilidad o la belleza, o sentir compasión por los más desfavorecidos. En definitiva, como el protagonista del cuento *Juan sin miedo*, escribía para recuperar la capacidad de temblar.

No creo que pueda haber una mejor y más sencilla explicación de lo que es la literatura y de por qué es importante que siga existiendo: para recuperar la capacidad de sentir. Es decir, para devolvernos, más allá de nuestras miserias y renuncias cotidianas, esa mirada que nos permite ver las cosas como si estuvieran coronadas por pequeñas llamas y tuviéramos que detenernos a contemplarlas.

Hay un cuento italiano que narra la historia de una reina que, deseosa de tener una hija, exclama un buen día: "¿Por qué no puedo tener hijos como el manzano da manzanas?" Entonces sucede que la reina en vez de tener una niña tiene una manzana. Una manzana a la que, sin embargo, no duda en reconocer como su propia hija. Hay en la obra de todos los verdaderos escritores un pensamiento semejante al de esa reina, un pensamiento que no nace para oponerse a lo extraño, a ese fondo de indeterminación y sorpresa tan propio de la naturaleza del ser humano, sino para rodear de cuidados a ese centro irreductible, a esa manzana, quién sabe si venenosa o no, que ningún protagonista de cuento alguno ha rechazado jamás. Es el robo de una manzana semejante en el jardín del edén el que nos constituye como humanos. Por eso es importante la literatura. Nos devuelve la capacidad de sentir, hace que nuestro corazón se llene de preguntas, es la voz del atrevimiento y del cuidado.

# Un árbol de palabras

CUENTA ELIOT WEINBERGER cómo una vez el poeta chino Han Yu tuvo que dirigirse a los cocodrilos por orden del emperador. Transcurría el siglo X de aquel imperio y los cocodrilos se habían multiplicado y ensoberbecido de tal forma, que no dudaban en atacar a los campesinos y devorar su ganado. Han Yu les da el plazo de una semana para que abandonen aquella provincia y regresen al mar, advirtiéndoles que, en caso contrario, funcionarios y expertos con arcos y flechas envenenadas acudirían al río a poner fin a sus desmanes. Y cuenta la leyenda que, al día siguiente de esta exhortación, tuvo lugar una terrible tormenta y que cuando amainó, los cocodrilos se habían ido, y que no volvió a vérseles hasta un siglo después, cuando el imperio entró de nuevo en decadencia.

Weinberger llega a decir que ésa pudo ser una de las últimas veces en que los hombres se dirigieron al mundo natural tratando de negociar con él, y relaciona este hecho con el paso de una sociedad tribal, donde todavía se daba una relación de camaradería entre el cazador y su presa, a otra urbana, en que el animal es apenas un obstáculo o, a la sumo, un objeto de interés turístico o gastronómico. Pero lo que llama la atención de esta historia no es tanto la marcha precipitada de los cocodrilos, consecuencia tal vez de la azarosa tormenta, como el hecho de que los hombres estuvieran convencidos de que podían hacerse escuchar por ellos. Pero ¿hay una lengua que haga posible algo así?,

¿una lengua que permita a los hombres no sólo dialogar entre ellos sino con los animales y el mundo natural? Pues bien, sí la hay, y todos los amantes de la literatura lo saben. ¿No es eso lo que hacemos al leer los cuentos maravillosos: recuperar los sonidos dulces de esa lengua que compartimos con las otras criaturas del mundo? O dicho de otra forma, ¿leer no es hacer del mundo real el reino de la posibilidad? No es algo tan insensato si pensamos que durante la infancia vivimos en un reino como ése.

El niño guarda la memoria de esa lengua primera, y por eso es capaz de comunicarse no sólo con las fuentes y los árboles, sino también con los animales y las criaturas que pueblan el mundo del sueño. Y el lector es como un niño que renueva el mundo con sus juegos. Por eso debe ser capaz de olvidarse de sí mismo y de sumergirse en cuanto le salga al paso, como hizo Alicia cuando, tras caer por el hueco del árbol, se puso a recorrer el País de las Maravillas con candorosa naturalidad. Leer también es ir detrás del Conejo Blanco. La lengua en que Han Yu se dirigió a los cocodrilos para transmitirles las órdenes del emperador es también aquella que le habría permitido escucharlos, que es justo lo que no hizo. Alicia sí lo hace. En realidad, no hace otra cosa que escuchar. Escucha a la Liebre de Marzo, a la Reina de Corazones, a la Falsa Tortuga o los estornudos del bebé cerdito. Y el lector, como ella, es aquel que a fuerza de no tener carácter, de ser todo y ser nada, ofrece su cuerpo a las palabras de los otros. La lectura es el momento del *fiat*. "Hágase en mí según tu palabra", dijo María al inquieto Ángel de la Anunciación. Y eso hace el lector, ofrecer su propio cuerpo a las voces del mundo: las voces de las sirenas y de los elfos, las voces

de los animales, de los árboles y las estrellas. El lector es el
que, dejando que el mundo entero hable en él, se alimenta
de esas voces ajenas. Pero ¿cómo podría hacerlo si en ese
mismo mundo no se hablara una única lengua? Ése es uno
de los problemas de nuestro tiempo: hay demasiado ruido
y hemos perdido la capacidad de escuchar el murmullo de
esa lengua primera que es la lengua poética. Los cuentos
maravillosos guardan la memoria de sus palabras más decisivas y secretas.

En la Biblia hay un relato muy hermoso que habla de
esto. Es el relato de la Torre de Babel. Koretz, uno de los
maestros del jasidismo, acostumbraba contar esta historia
diciendo que antes de la construcción de la torre todos los
pueblos tenían en común la lengua santa, pero cada uno
de ellos poseía además su propio idioma. Por eso estaba
escrito: "Y toda la tierra era de un lenguaje". Es decir,
de la lengua santa, y de un habla, lo que significaba que,
a la par del idioma sagrado que poseían en común, cada
pueblo tenía su lenguaje particular. Los hombres usaban
estos lenguajes para comunicarse entre sí, mientras que la
lengua santa la reservaban para hablar con Dios. Y lo que
hace Dios al castigarlos es privarlos de esa lengua que les
permitía relacionarse directamente con él.

Isak Dinesen se refirió a algo parecido al afirmar que
la relación que los animales domésticos tienen con su entorno se rige por las leyes del respeto, y la de los animales
salvajes, por las de la decencia. Mientras la vida de los primeros se definía por el tipo de servicio que rendían a su
comunidad, la de los segundos lo hacía por la relación que
mantenían con Dios. Y según la escritora danesa, los hombres no podían renunciar, ni siquiera para obtener la más

alta aprobación de aquello que les rodea, "a ese contacto directo con Dios que compartían con el hipopótamo y el flamenco". Pues bien, la literatura no pertenece al ámbito del respeto sino al de la decencia. De forma que el lector, cuando abre un libro, no busca tanto conocerse a sí mismo o preguntarse por el lugar que ocupa entre los suyos, como abrirse a esa lengua de la creación.

El reino del lector no es el reino de la identidad sino el de la metamorfosis. No se lee esperando obtener una respuesta a la pregunta de quiénes somos, sino para ver lo que nos pasa. La pregunta del lector es la pregunta de la ratita del cuento: "¿Qué me harás por las noches?" Leer un libro es caer, como Alicia, por el hueco de un árbol y aprender a amar las preguntas, antes incluso de estar en disposición de contestarlas. Conformarse, en suma, con "la mitad del conocimiento". Sólo el que lo hace, y no busca una explicación inmediata a lo que le sucede, puede correr detrás del Conejo Blanco y penetrar en el misterio. Leer es sentarse a tomar el té con el Sombrerero y la Liebre de Marzo aunque no lleguemos a entender gran cosa de lo que nos dicen. No tanto convencer a los cocodrilos de que se vayan, como irse con ellos.

# Teoría del final feliz

UNA CARACTERÍSTICA COMÚN en los cuentos de Jacob y Wilhelm Grimm es que suelen terminar bien, al contrario de lo que pasa con Perrault y con Andersen. Con Perrault, porque su vocación pedagógica le hace servirse de los cuentos para impartir enseñanzas, consiguiendo que la voz del moralista se imponga con frecuencia a la del narrador; con Andersen, porque habla en los cuentos de su propia vida, que no fue precisamente dichosa.

El final feliz era una exigencia común en todos los cuentos tradicionales. Cuentos, es verdad, que escuchaban con gusto los mayores pero que estaban pensados para ser contados a los niños, y los hermanos Grimm los reescriben con ese propósito esencial. Y es esa una razón más que suficiente para que tengan que terminar bien, dado que lo que quiere el adulto cuando cuenta cuentos a los niños es informarles acerca del mundo y de los peligros que pueden encontrarse en él, pero sobre todo tranquilizarlos, llevar a ese mundo siempre extremado que es el mundo de la infancia un poco de serenidad y esperanza.

El final feliz no comporta sólo una exigencia moral, sino algo que es aún más importante, una opción amorosa. Un cuento es una guarida, un nido. Y lo que los padres están ofreciendo a los niños cuando se lo cuentan no es sólo una enseñanza acerca del mundo, sino un lugar de sosiego, de cobijo, al amparo de la desgracia. Lo sorprendente es cuando pensamos en los materiales con que están hechas las paredes de esa casa. Crímenes terribles, traiciones, cuerpos fragmentados, rastros de sangre se alternan con pájaros de oro, facultades envidiables, alianzas insospechadas, vuelcos inauditos del corazón. Porque ésta es la maravilla de los cuentos, no nos engañan acerca de cómo es el mundo. Ofrecen al niño un refugio, pero sin impedirle la contemplación de la realidad contradictoria y desnuda. Por eso los psicoanalistas los aconsejan. Según ellos, en los cuentos de hadas se dramatizan los conflictos básicos del ser humano en su fase de crecimiento, y ésta es la razón de que los niños deban escucharlos. Verán allí reflejados los grandes dramas de su corazón y aprenderán a elaborar estrategias para superarlos. También descubrirán que tales conflictos no son privativos suyos, sino que son propios de todos los seres humanos. Es decir, podrán sentir celos espantosos, o deseos homicidas, sin sentirse condenados por ello a un destino de monstruosidad y daño porque, como se nos dice en los cuentos, el problema no es lo que nos pasa sino lo que somos capaces de hacer con ello. Desde esta perspectiva el final feliz tendría una función integradora, el acceso a una unidad de conciencia superior, donde esos conflictos quedan superados, o al menos dejan de dañar.

Veamos lo que pasa en *El pájaro de oro*, uno de los cuentos más hermosos de los hermanos Grimm. Un niño debe buscar un pájaro de oro, y un zorro, al que previamente ha salvado la vida, le dice lo que tiene que hacer. El pájaro está en el interior de un palacio, y debe aprovechar la noche y el sueño de los guardianes para entrar a buscarlo. Hallará al pájaro junto a dos jaulas, una de oro y otra de madera. Bajo ningún concepto debe tomar la de oro, si no quiere exponerse a graves complicaciones. El niño sigue literalmente las indicaciones del zorro, pero al final no puede resistir la tentación de la jaula de oro y la roba, precipitando su desgracia, pues el pájaro se pone a cantar y despierta a sirvientes y soldados del palacio. El niño tiene que pasar una segunda prueba, y esta vez es un caballo de oro lo que debe encontrar. Junto al caballo hay dos monturas, y el zorro vuelve a advertirle que tiene que desdeñar la de oro. Pero el pequeño vuelve a desoír sus consejos y se ve obligado a participar en una tercera prueba: el rescate de la princesa de oro. Una vez más, el paciente zorro acude a su llamado para aconsejarlo. Esperará a que la princesa se quede sola y entonces le dará un beso, con lo que quedará bajo su poder, que es el poder del amor. Pero debe impedir que se despida de sus padres, pues si lo hace ninguno de los dos podrá abandonar el palacio.

Es difícil no sentirse conmovido ante estas imágenes. El pájaro de oro en la jaula de oro, el caballo de oro y su montura de oro, la princesa de oro en el dormitorio de sus padres, son recursos admirables que contienen toda una teoría sobre el final feliz. Pues ¿qué otra cosa puede significar ese oro de que están hechos sino una perfección contraria a la idea de la vida, que siempre pide la mezcla, la impureza, la contradicción? Tener el pájaro de oro en una jaula pobre siempre nos hará sospechar que no es ése su lugar, y nos recordará que viene de otro mundo. Lo que no es distinto de lo que nos pasa con el caballo. Ni siquiera con la princesa y su empeño en despedirse de sus padres antes de alejarse. Los niños tienen que escapar de sus padres si quieren crecer. No hay acuerdo ni bendición posible, de forma que esa marcha, el robo perpetrado en la noche, no supone una resolución de los conflictos sino una vuelta al lugar inicial, donde todas las preguntas vivían. "No te pertenezco", nos dice el pájaro de oro desde su jaula gastada. "Estoy en tus establos de paso", nos dice el caballo de oro con sus arreos vulgares. "Nunca sabrás quién fui antes de conocerte", nos susurra la princesa de oro.

Es claro el simbolismo del oro. Representa lo que ya está completo, el ser en su esplendor y su acabamiento. Los hombres de otros tiempos creían que los metales maduraban en el interior de la tierra, y poco a poco se transformaban en oro. Los alquimistas, mediante la magia, trataban de acelerar ese proceso y conseguir en apenas unos días aquello para lo que la naturaleza habría necesitado siglos enteros. Es pues un símbolo de eternidad y de cumplimiento. Pero si el proceso está terminado la vida no puede seguir. En los cuentos los tesoros se mezclan con los objetos reales. El oro es devuelto a la mezcla, a la impureza de los días. Por eso, al tiempo que abundan en ellos los objetos y animales de oro, también lo hacen los muchachos y las muchachas dormidas, y Blancanieves y Zarzarrosa son los ejemplos más ilustres. No es extraño, pues oro y sueño están íntimamente relacionados. El pájaro de oro, el caballo de oro y la princesa de oro viven en castillos donde todos están dormidos. En realidad lo que hará el muchacho protagonista del cuento de los hermanos Grimm, con la ayuda del zorro, es visitar el mundo de los sueños y traerse de él esas criaturas perfectas. Por eso el pájaro de oro no puede ir en su jaula de oro, ni el caballo de oro con su montura real, ni la muchacha puede mantener su fidelidad a sus padres dormidos, porque de lo que se trata es arrancarlos del sueño y traerlos al mundo real, y para eso es necesario traicionar ese mundo. El canto

del pájaro al sentirse en su verdadera jaula, o el relincho del
caballo o la protesta airada de los padres representan su protesta por ser arrancados de esa perfección sin conciencia.
Con Blancanieves y Zarzarrosa las cosas no son distintas.
En realidad, tanto la madrastra de la primera como la malvada y desairada bruja de la segunda se comportan como
los alquimistas. Transforman en oro el cuerpo de las muchachas y las apartan de la vida. Eso es una muchacha
dormida, una princesa de oro. Una princesa condenada
a permanecer eternamente igual a sí misma, a no ser que
medie un gesto liberador, que es siempre, a la manera de
los gestos de los maestros del zen, un gesto absurdo o,
cuando menos, inesperado. Y tanto el beso furtivo del
príncipe a Zarzarrosa, como el tropezón de los que cargan el ataúd de cristal donde reposa Blancanieves, o la
impiedad del muchacho al no permitir a la princesa de
oro que se despida de sus padres son, cuando menos, gestos extraños, desviados, con su inequívoca carga de perversidad. El príncipe de Zarzarrosa aprovecha el sueño de
una muchacha para besarla, lo que en principio no resulta
muy honorable; los enanitos que han velado interminablemente el ataúd de cristal en que reposa Blancanieves
terminan entregándosela al primero que pasa por allí, y
será esa decisión la que propicie el tropezón que desplaza
el trozo de manzana de su garganta cerrada; el muchacho
de *El pájaro de oro* debe mostrarse implacable e impedir
algo que parece tan natural como que una muchacha se
despida de sus padres antes de arrancarla de su lado. ¿No
se confunden acaso el palacio de la bella durmiente y
el de la princesa de oro?, ¿no están ambos llenos de seres
dormidos? ¿No está lo que duerme protegido, como el

cuerpo hechizado de Blancanieves, en una urna de cristal? Aún más, ¿oro, cristal y sueño no nos vienen a decir lo mismo, que no toquemos, que pasemos de largo? De hecho, en *Los mensajeros de la muerte*, otro de los cuentos de los hermanos Grimm, el sueño es considerado, al lado de la fiebre, la enfermedad o el dolor físico, uno de los mensajeros de la muerte.

También las protagonistas de *La niña de los gansos* o de *Los seis cisnes* viven apartadas de todos, aunque ellas no dejen de hacer cosas. Se parecen a Cenicienta, que también ha sido desplazada de su puesto y también tiene que trabajar interminablemente, sin poder contar a nadie la verdad de lo que le pasa. En esa exclusión las muchachas adquieren facultades extrañas. La niña de los gansos habla con el viento, con la cabeza de su caballo; Cenicienta, con la naturaleza, la princesita muda de *Los seis cisnes* aprende a interpretar el sentido de los sueños. Ninguna se rebela, son infinitamente obedientes. Se amoldan a la adversidad con una calma que nada perturba, como si supiesen que el mundo es así, pero también como si no dejaran de confiar. Una espera activa, eso es su obediencia. Pero la obediencia no es sólo un estigma, el de su pertenencia a ese país de dormidos, es una forma de restablecer la alianza y, por tanto, de preparar el regreso. Eso es lo que significa, en *La cenicienta*, la pérdida de la sandalia de oro en la escena del baile. Cenicienta no sólo le está diciendo al príncipe que la busque sino, sobre todo, que no quiere su traje de oro. Quiere ser una muchacha real, en un mundo real. Sus hermanastras sí ansían ese traje, y por eso sufrirán terribles mutilaciones.

El final feliz que nos proponen los hermanos Grimm, representado por el pájaro de oro en la jaula de madera, supone en definitiva una vuelta al mundo, que es también el lugar donde las preguntas vuelven a renovarse, pues la vida nunca termina de hacerse. Esto es lo que pasa en *Los seis cisnes*. Su protagonista trabaja tejiendo camisas de anémonas, con el único empeño de devolver a sus hermanos, transformados en cisnes por un hechizo, su auténtica figura. Pero ¿qué significa el final? ¿Por qué si la muchacha logra terminar a tiempo su tarea y tejer dolorosamente las camisas para sus hermanos, una de ellas tiene que quedar incompleta condenando al más pequeño de los príncipes a vivir ya para siempre arrastrando la desgracia de su terrible deformidad? El ala de cisne significa muchas cosas pero sobre todo, como la jaula de madera, impide que todas las preguntas queden contestadas y que el final se cierre de una forma demasiado abrupta, con el olvido completo de todo lo que había sucedido. En *Hansel y Gretel*, los pequeños protagonistas logran burlar a la bruja y regresar a su casa llenos de tesoros, pero no hay niño que al escuchar este cuento deje de preguntarse por qué la casita del bosque era de chocolate.

Todo es espantoso en este cuento admirable. El abandono de los hijos por sus padres, perderse en el bosque, la llegada a la casa de la bruja. Y, sin embargo, esa casa, la casa en la que habrán de morir, no es un lugar lúgubre, lleno de telarañas, de animales que reptan, de fuentes teñidas de sangre, sino el lugar en el que a todos los niños del mundo les gustaría vivir: una casita de chocolate, hecha de dulces y de todo tipo de golosinas. Hansel y su hermana Gretel llegan a esa casa y empiezan a comérsela. Se comen el tejado, las ventanas, todo lo que encuentran. Claro que aquí se trata de una trampa. Es la bruja la que ha dispuesto un lugar así para tentar a los niños y hacer que se queden. Cuando estén gorditos será ella misma la que se los coma. La casita de chocolate se transforma en la casa del horror, de la misma de forma que el palacio de oro es el reino de la muerte.

Eso lo saben muy bien las madres. Saben que no pueden dar a sus hijos todo lo que éstos les piden porque entonces estarían construyendo para ellos una jaula de oro, en la que luego no podrían vivir. Tal vez merezcas un lugar así, les dicen, pero yo no puedo dártelo. Es más, si alguna vez lo encuentras, recuerda que tienes que abandonarlo. Por eso les piden que abandonen la casita de chocolate. Si no lo hicieran, ¿cómo podrían regresar del bosque? Todos los cuentos hablan de ese regreso. Pero el final feliz, tan necesario para decir a los niños que si se esfuerzan obtendrán su recompensa, nunca debe despejar todas las dudas, a riesgo de estar engañándolos. Todos los verdaderos cuentos dejan ese rosario de preguntas, las cuales seguirán viviendo más allá de su final. El final feliz sólo significa eso, que es posible instalarse sin angustia en el reino de la incertidumbre. ¡Y qué inmenso es ese mundo! Concluido un cuento, todas las preguntas sin contestar volverán a vivir. ¿Por qué la casita de la bruja era de chocolate?, ¿por qué dejamos atrás cabezas que hablan, zorros que nos ayudan a vivir, muchachas dormidas, palabras encantadas? ¿Tenemos que renunciar a todo eso? La respuesta es el ala de cisne. Busca en ti, nos dice esa ala. En algún lugar de tu cuerpo encontrarás un resto, una escama, una pluma, un trocito de cresta, algo que indica ese origen. Vivir es aprender a descubrir en el otro, y en uno mismo, esos restos encantados, y encontrar la manera de que se integren en el mundo. Nunca será posible sin provocar un trastorno. Y así como el príncipe debe aprender a vivir con su ala, la bella durmiente tendrá que hacerlo con su terrible propensión al sueño, o Blancanieves, con esa afición loca que sin duda le quedaría por las cosas menudas, recuerdo de su tiempo en el bosque en compañía de los enanitos. ¿Y qué decir de la niña de los gansos? ¿Cómo puede extrañarnos que cuando vaya al mercado le dé por hablar con las cabezas de los animales sacrificados? ¿Era tan mala Salomé al pedir la cabeza de san Juan, o sólo estaba queriendo lo que todas las muchachas del mundo, que aquellos a quienes aman les hablen sin parar?

Y los padres, ¿qué papel tienen en todo esto? Cuentan cuentos a sus hijos pero saben que no deben servir al que duerme. El amor no es un ataúd de cristal, no es una jaula de oro, ése es el mensaje de los enanitos. Los padres tratan de explicar esto a los niños y de prepararlos para la vida. Pero también, sería absurdo negarlo, les cuentan cuentos para verlos dormir. Los ven un momento y luego se van. Los enanitos son los padres que lloran. Han quedado hechizados por esos príncipes y princesas de oro que son todos los niños, y saben que antes o después tendrán que dejarlos partir. Por eso los cuentos también son buenos para ellos. Les sirven para prepararse ante el dolor que inevitablemente sentirán cuando los vean crecer.

# Pagar con una prenda

HAY UN JUEGO INFANTIL en el que el acto de entregar algo
tiene un valor central. Los niños se reúnen formando un
círculo y ponen el juego bajo la advocación de un personaje llamado Antón Pirulero. Un niño o niña, que hace
de madre, se sitúa en el centro y, al tiempo que todos se
ponen a cantar invocando a ese extraño personaje, realiza
algún gesto que los otros deben imitar. El que no está
atento, y se descuida, es el que pierde. Pagar con una prenda será su castigo. El niño o la niña tiene que despojarse
de algo que lleve encima y dárselo a la madre, que es
quien dirige el veloz pero excitante intercambio. Es un
juego de clara significación erótica, porque las prendas
que se entregan deben elegirse entre las ropas que se llevan puestas, y porque cada una que se pierde implica un
paso a la desnudez.

Ese personaje, Antón Pirulero, bajo cuya advocación
tiene lugar el juego, es invocado por todos los amantes
del mundo, aunque no lleguen a decir su nombre. También ellos tienen que estar atentos a lo que el otro quiere, atender su juego para no ser excluido. Esto es lo que
pasa entre ellos: tienen que darse algo. Suele ser un anillo,
un adorno, pero también prendas de vestir. De hecho, el
acto mismo de desnudarse es ofrecer y recibir esas prendas. No sólo quitárselas, sino dárselas al otro para que las
guarde. Sólo que aquí es el todo, el cuerpo, el que representa la parte. De forma que al final lo que se da no es

la ropa, sino el cuerpo desnudo. También eso pasaba en
el juego. Sólo que entonces, en el círculo, era la ropa la
representación del cuerpo, de forma que si a alguien le
tocaba entregar uno de sus calcetines lo que en realidad
estaba poniendo en el círculo era su propio pie. Un pie
que se perdía, pero que el juego aseguraba que sería guardado y que alguna vez le sería devuelto. Para eso estaba el
círculo de cantores, para asegurar que sería así. Dar en
el círculo es desprenderse de algo, pero también —y sobre
todo— que otro definido, interior a ese cerco, lo reciba
y lo tenga. Una parte de sí mismo que el otro guardará
a partir de ese instante consigo, y que tendrá que recuperar para completarse. El círculo asegura que esa devolución sea posible. Es lo mismo que decía fray Luis de
León cuando, en su glosa al *Cantar de cantares,* hablaba del
significado del beso. El amor hace que el amante entregue
al otro su propia alma, que luego debe recuperar. Para eso
están los besos. El alma del amante queda recogida en su
boca, y el enamorado besa esa boca tratando de recuperar
la parte esencial de sí mismo que ha perdido al enamorarse. Porque la prenda que pagan los amantes es su propia
alma. Y podríamos decir, en suma, que sólo el que entrega
esa prenda entra en el círculo de la vida.

Nadie lo ha hecho mejor que Cenicienta, entregando
su zapato de cristal cuando en la noche del baile se entretiene más de la cuenta. Recuérdese la canción de Antón
Pirulero, y su exigencia de que pague una prenda aquel
que no esté suficientemente atento a las reglas, como no
lo está Cenicienta, a la que su embeleso en los brazos del
príncipe hace olvidar la proximidad de la medianoche y
su promesa de regresar antes de que ésta llegue. También

la joven esposa de Barba Azul pagará la suya. Entra en el cuarto prohibido y, al descubrir los cuerpos despedazados de sus predecesoras y el suelo y las paredes ensangrentados, la llave se desprende de sus manos y se mancha de una sangre que no podrá limpiar. Y será esa mancha por la que Barba Azul descubra que su esposa ha desafiado su prohibición y decida matarla, como ha hecho con las esposas anteriores. Ambas escenas se relacionan estrechamente con la del camino de migas de Pulgarcito, que también queda a sus espaldas, y es —como el zapato y la mancha de sangre en la llave— un rastro, una escritura, un símbolo, la pequeña parte de un todo que no se sabe reconstruir.

Hay que reconocerle a Perrault una rara perspicacia. Mucho menos delicado y hondo que Andersen, y al que los hermanos Grimm superan en sentido de lo maravilloso, sus cuentos poseen sin embargo la virtud suprema de ser un compendio universal de todas nuestras fantasías. Aún más, guardan, como auténticas joyas, tres de las imágenes más inolvidables de la literatura: el camino de migas de pan de *Pulgarcito*, el cuarto cerrado de *Barba Azul* y el zapato que Cenicienta pierde en el baile.

El camino de migas de pan pertenece a *Pulgarcito*, uno de sus cuentos más conocidos. Una pareja muy pobre no tiene con qué alimentar a sus hijos. El padre, que es leñador, incapaz de contemplar el espectáculo terrible de los niños hambrientos, convence a su mujer de abandonarlos. Una noche los llevan al bosque y los dejan solos en la oscuridad. Las escenas a partir de entonces se suceden a un ritmo vertiginoso y una imagen destaca luminosa entre ellas, la de Pulgarcito trazando a sus espaldas el camino de las migas de pan, que debe permitirle volver a su casa.

Antes lo ha hecho con guijarros que ha tomado de la orilla del río, pero son dos caminos que nada tienen que ver entre sí. El camino de pan es otra cosa. Nos pertenece estrechamente, pues el pan es la materia básica con que nos alimentamos. Un camino que desaparece según lo vamos trazando, que está hecho con trocitos de nuestro propio cuerpo, ése es el camino de los cuentos: un camino que se comen los pájaros.

Isak Dinesen tiene un cuento que se llama *La página en blanco*. Alude a una remota costumbre en Portugal, la de mostrar al día siguiente de una boda real la sábana manchada de sangre que prueba la virginidad de la princesa elegida. Un convento provee a la casa real de esas sábanas de lino y, a cambio, tiene el privilegio de recibir la sábana manchada que prueba que todo ha ido bien. Esos trozos de tela, convenientemente enmarcados, se exhiben en uno de los corredores del convento, con el nombre de las princesas a quienes corresponde. Cada pedazo de tela manchado de sangre, con el nombre inscrito en su marco, tiene una historia que contar. Y pasar a su lado es ir escuchando todas esas historias, tan hermosas como tal vez desoladoras. Pero hay una tela que no es igual que las otras. Una tela que está en blanco y que no ostenta en su lujoso marco el nombre de ninguna princesa. Y es ante ella donde más se detienen las viejas princesas de Portugal, "reinas, viudas y madres con experiencia de la vida, con sentido del deber y con una larga historia de sufrimiento". Una página en blanco que a todas hace suspirar, y ante la que hasta las monjas jóvenes y viejas, y la propia madre abadesa, quedan sumidas en la más profunda de las reflexiones. Isak Dinesen afirma que es así porque ellas saben que es el silencio, es decir, esa blancura que se invoca, el que cuenta la única historia que todas hubieran querido vivir. "Cuando la pluma más finamente cortada —concluye Isak Dinesen, en su momento de mayor inspiración— ha escrito su cuento con la más preciada tinta, ¿dónde podrá leerse un cuento aún más profundo, dulce, alegre y cruel?: en la página en blanco."

Ese pedazo de tela sin mancha, esa página en blanco, no representa, pues, la nada, sino el secreto. Representa lo que no sabemos, la vida que se nos escapa. Pensemos en un niño y su madre. La madre se sienta junto a la cama de su hijo y éste le pide que le cuente cosas. No sólo cuentos conocidos, sino historias de su propia vida. Cómo era antes de tenerlo a él, qué cosas hacía cuando era joven y aún no se había casado, cuando era una niña.

La madre habla de esa otra que fue, y el niño que la escucha no se cansa de pedirle más. Ve la mancha en el pedazo de tela, pero también ese más allá que la blancura guarda. Escucha las palabras que su madre le dice, pero está más atento a su silencio. Es más, cuando ella termina de contarle cosas, es ese silencio lo único que escucha. Un silencio que le dice que hay otra de la que ella no habla, otra que tiene que ver con lo que no conoce, con lo que hizo y fue antes de que él llegara al mundo. El niño le pide que le cuente para sorprender a esa que se esconde cuando su madre empieza a hablar. Ese relato inaudible es la esencia de la literatura. Hace que cada historia contenga una historia secreta, la historia que de verdad queremos escuchar, y que raras veces coincide con la que nos cuentan.

Y aquí entramos en el territorio de la segunda de nuestras imágenes, el cuarto cerrado. Ningún cuento lo explica mejor que *Barba Azul*. Su origen remoto es el encuentro de Psique y de Eros, y la prohibición de no penetrar en el cuarto cerrado se confunde con la obligatoriedad de que los encuentros entre los amantes transcurran a oscuras, sin que Psique en ningún momento pueda contemplar, ni siquiera a la luz de una vela, el cuerpo de su amante. Hasta el punto de que ambos podrían formar parte de ese conjunto de cuentos dedicados tópicamente a criticar la curiosidad de las mujeres. Pero, claro, no se trata de esto.

En primer lugar porque en *Barba Azul*, el personaje masculino no es un apuesto joven que trata de ocultar su condición divina, sino un hombre taimado y oscuro, dueño de un extraño atributo: una barba azul, que en verdad, y ya desde el principio, hace temer lo peor. Sin embargo, nuestra muchacha —las muchachas de los cuentos son de verdad extrañas— se casa con él; y lo hace para tener la opción de preguntar quién es de verdad y por qué tiene una barba de color azul. Pero la barba azul, de la misma forma que luego el cuarto cerrado, simboliza el misterio de la diferencia sexual, que en la historia de Eros y Psique quedará representada por la obligada invisibilidad de Eros. Ésas son las peculiaridades de los que amamos: ser invisibles, tener barbas azules o estar sumidos en sueños de los que no hay forma de despertarlos. Es decir, no pertenecer del todo a este mundo e invitarnos a otros a donde horror y belleza pueden ir con naturalidad de la mano. Y el amor es, sí, una pregunta y, al mismo tiempo, una operación de rescate. No se trata tanto de librar al cuerpo de su propio sexo, como de arrancar la sexualidad del cuarto de los descuartizamientos. Como si el cuerpo traspasado por el deseo sexual fuera un cuerpo marcado por poderes maléficos, que pueden acarrearnos la destrucción.

El hombre lo ha sabido desde tiempos remotos, y por eso ha imaginado las figuras de los ogros, de los vampiros o de los seres que vuelven de la muerte, dominados por una increíble ansia de carne humana. Porque el sexo implica la percepción de una carencia, y puede dar lugar a formas perversas de cubrirla, aun a costa de hacer daño a quien amamos.

Es decir, que tanto la prohibición de Barba Azul como la de Eros tienen un sentido sexual. Ninguno de ellos quiere que los contemplen desnudos, que los contemplen en la desnudez de su deseo sexual. Y en última instancia tiene un sentido protector. "No mires ahí", no es diferente a decir "Soy peligroso porque no estoy completo". Por tanto, la historia de Barba Azul está marcada por esa prohibición. Ofrece a sus esposas un palacio inmenso, nubes de sirvientes, praderas y bosques sin confines, pero les prohíbe traspasar la puerta de un pequeño cuarto. La barba azul de este personaje imponente a quien oculta de verdad es a Eros. Ambos ocultan algo. Eros, su verdadera imagen; Barba Azul, un secreto acerca de sí mismo, un secreto terrible, de indudable naturaleza sexual. Pero esa interdicción implica una advertencia. Tienes que aceptarme así, sin saber quién soy ni preguntarme por mi deseo.

El deseo sexual surge de una carencia y nos obliga a partir en busca de lo que nos falta. Pero, ¿y si no sabemos lo que es? Aún más, ¿y si no existiera esa mitad perdida, o si la falta remitiera a otro cuerpo, tal vez terrible, cuya forma y apetencias ni siquiera somos capaces de sospechar? ¿No es eso, por ejemplo, lo que le pasa a los ogros, que nunca encuentran lo que andan buscando y se ven obligados a un deambular eterno, a instalar la ley de un deseo tan insatisfecho como insaciable? ¿No es ésa la razón de que sintamos temor de lo que de verdad estamos queriendo?

Estamos en el reino de las preguntas, porque ese ámbito, el del cuarto cerrado, es el lugar donde caben todas las preguntas. Se actualiza en *La bella durmiente* cuando el príncipe pregunta por ese palacio sepultado entre zarzas, y se actualiza en el beso, que es una interrogante muda, una pregunta que se responde con otra pregunta, pues su lenguaje pertenece, como el camino de las migas de pan, al reino de la página en blanco.

Hay una ceremonia en la Pascua judía que informa sobre el valor metafísico de la pregunta. La familia se reúne en torno a la mesa y, en los postres, al más pequeño le corresponde hacer la pregunta que todos esperan. La pregunta que inquiere por el origen de su pueblo y por la razón de ese éxodo que aún no ha terminado. Esa pregunta hace que los mayores se vean obligados a contar la historia de los judíos, su salida de Egipto bajo las órdenes de Moisés, la larga marcha por el desierto en pos de la tierra prometida, y todas las tribulaciones a que ese merodear interminable dio lugar. A hablar de ese destino sufriente, pero también de los encuentros venturosos, de la alegría en torno a las hogueras, los cantos en los campamentos, los juegos de los niños y los nuevos amores entre los muchachos, que habrán de asegurar la continuidad de su anhelo. La pregunta del niño hace que esas historias se recuerden, y sirvan de alimento a quienes las escuchan. No podemos olvidar que esta ceremonia tiene lugar en torno a la mesa comunitaria, y que la comida que se reparte entre todos se confunde con las palabras que se dicen y se escuchan. De forma que todo es alimento: las palabras, el pan, el cordero sacrificado, el vino, la misma memoria. Las historias sirven de alimento a quienes las escuchan y los animan a seguir adelante, a persistir en sus sueños. Tal vez por eso uno de los momentos más importantes de esa ceremonia es cuando uno de los ancianos evoca el milagro del maná: la caída de la lluvia blanca sobre el pueblo errante. Y me es imposible no señalar su analogía con el camino de migas de Pulgarcito. Ambos suponen un reparto de alimento, ambos tienen lugar en condiciones adversas, de pérdida y desolación extremas. Aún voy más lejos: tengo el convencimiento de que en cualquier historia, si de verdad merece ser escuchada, debe haber algo parecido a ese reparto de alimento. En cierta forma, contar un cuento a un niño no es muy diferente de darle de comer.

Ése es también el tema del cuento de *Barba Azul*, y de hecho el cuarto cerrado, el cuarto que la joven esposa no debe visitar, es en realidad una despensa, no importa que demasiado macabra, que oculta los cuerpos despedazados de las mujeres anteriores. Es decir, trozos de materia orgánica. Los amantes también se trocean entre sí, sólo que simbólicamente. El encuentro sexual tiene todas las características de una cita entre dos glotones. Ése es el juego, están hambrientos y quieren comer sin parar. ¿Comer cualquier cosa? No, comerse el uno al otro. El cuerpo amado es un fruto, pero también el cuerpo de un animal que acabamos de capturar y cocinar, y que nos disponemos a comer en la mesa. Las caricias y los besos son ese banquete. Dice Novalis: "La mesa de los amantes está siempre dispuesta porque es el deseo el que la provee y prepara". No pasa otra cosa entre las madres y los niños pequeños. El niño se alimenta del cuerpo de la madre, y ésta finge estar muerta de hambre y tener que alimentarse de su hijo. Nada les gusta más a los niños que esta escena en que su madre simula que los quiere comer. Hay incluso un juego. La madre le dice al niño que vaya al carnicero, y para indicarle lo que tiene que pedirle toma su bracito y empieza a explicarle que no le diga que le corte por ahí, ni un poco más arriba, y va señalando en su brazo trozos cada vez más grandes, hasta abarcarlo por entero, momento en que llegan las cosquillas y el drama se resuelve en risas.

No es difícil por eso saber de dónde viene la figura del ogro, el gran devorador de carne humana. Es una perversión del amante. Los amantes se trocean simbólicamente, pero sólo para poder sentir en ese momento el placer de la reunión. En realidad lo que quieren es que todos esos trozos que ahora son, y que juegan a mezclar entre sí, se ordenen de una manera nueva hasta componer un cuerpo distinto, un cuerpo que fuera como el de esas criaturas de las que habla Platón en *El banquete*. Esas criaturas poderosas, redondas y veloces como balones, que tenían los dos sexos y cuyo poder era tal que los dioses, celosos, decidieron dividirlas. De esa división surgieron los sexos y también el anhelo, inscrito en cada uno de ellos, de volver a reunirse, de encontrar en el sexo contrario la mitad que lo complementa. El amor nos devuelve, no importa que sólo por unos instantes, a esa condición original, nos ofrece un cuerpo único y perfecto. El ogro descuartiza, pero le falta el deseo de religar lo partido. Eros es unión, combinación sin límite, llamada a la totalidad.

Por eso Perrault elige el peor final para el cuento de

*Barba Azul.* La muchacha entra en el cuarto y es descubierta por su esposo, que la condena a morir. Pero entonces aparecen sus hermanos y logran salvarla, al tiempo que dan muerte a su cruel marido. Perrault olvida la secuencia de la regeneración. Y es eso lo que significa la entrada de la muchacha en el cuarto, una regeneración del mundo. Porque lo más importante no es entrar en ese cuarto, desafiando la prohibición, sino hacer que todo lo que en él permanece olvidado y excluido regrese al círculo de la vida. Es el instante de la devolución de las prendas. Aparece en otras versiones, donde la joven esposa no sólo vence la maldición, sino que al desafiar el mandato de su marido hace que los miembros troceados de sus predecesoras vuelvan a reunirse y puedan regresar al mundo con sus cuerpos completos, y aparece también en otros cuentos. Por ejemplo, en *La bella durmiente*, donde la llegada del príncipe y el beso a la muchacha dormida tiene, tanto en ella misma como en todos los moradores del palacio, el mismo efecto liberador.

Hay una versión de *Barba Azul* en que éste da un huevo a sus esposas, junto con la llave. Ellas entran en el cuarto y el huevo se les cae en la cubeta, manchándose de sangre. No pueden limpiar esa mancha por mucho que la froten, y eso advierte a Barba Azul sobre lo que acaban de hacer, e inmediatamente pasa a cumplir sus amenazas. Las mata, trocea sus cuerpos y guarda sus pedazos en esa despensa macabra. Y así viene pasando con todas sus esposas, hasta que llega nuestra protagonista. Ésta intuye algo, y antes de entrar en el cuarto deja el huevo a buen recaudo sobre una repisa. Ve a las otras muchachas despedazadas y se dedica a reunir sus trozos; luego, al devolver el huevo impoluto, su esposo se ve obligado a reconocer que ha pasado la prueba. Pierde entonces su poder y él la tiene que obedecer en todo.

Es curiosa la relación de este cuento con el de *La página en blanco*, de Isak Dinesen. Aunque las cosas se presentan invertidas, dado que en el cuento de la escritora danesa la sábana manchada de sangre es símbolo de la virginidad ofrecida, mientras que en el de *Barba Azul* todo nos indica que si las muchachas son condenadas al mostrar un huevo o una llave manchada de sangre, es precisamente por descubrirse un disfrute sexual anterior a su boda. No importa, en ambos es lo blanco —sábana blanca, huevo blanco— lo que destaca por encima de todo. El huevo, que es germen, origen, nos hace recordar las migas de *Pulgarcito*. Tienen que ver con ese otro que fuimos y que dejamos atrás al ser expulsados de la infancia. El castillo de Barba Azul se confunde con la casa del ogro y con el castillo encantado de *La bella durmiente*. Todos nacen de la cueva de Eros.

La cocina de Cenicienta pertenece al mismo orden de lugares proscritos. Está sucia, oscura; quien la tiene a su cargo carece de identidad. No puede optar por casarse, es decir, por cumplir con su destino de muchacha. No tiene nombre, no cuenta ni siquiera para su familia, pero cuando sus hermanastras le hablan de la fiesta del príncipe ella anhela acudir en secreto. Un hada viene en su ayuda y le da lo que necesita. Es curioso que sus vestidos, su carroza, sus caballos y sirvientes el hada los haga surgir de elementos reales —una calabaza, lagartos, ratones—, de cosas y seres que hay a su alrededor, en la misma cocina, dándonos a entender que el pequeño cuarto es una representación del mundo, y que el horror puede convertirse en maravilla gracias al poder de la analogía, que es el poder erótico por excelencia. Va a la fiesta, baila con el príncipe en medio de la admiración de todos y debe volver a su casa antes de medianoche. Pero se entretiene y cuando huye ya es demasiado tarde, y al hacerlo pierde uno de sus zapatos. ¿Lo pierde? En realidad lo que hace, como en el juego infantil, es pagar con una prenda. El gesto tiene un doble significado: haber contraído una deuda y dejar un rastro. El hecho de que sea una prenda, es decir, algo que llevamos puesto, lo asemeja con el huevo de *Barba Azul* y con las migas de pan de *Pulgarcito*. Es un trozo metonímico de nuestro propio cuerpo. La prenda es nuestro propio cuerpo encendido por el amor.

Pero aún hay otra cosa. El zapato es de cristal. Es decir, apenas se ve. O mejor dicho, es un zapato que se confunde con el pie que lo lleva, de modo que perderlo es como dejar atrás el propio pie. Cenicienta, al escapar, pierde su pie, de la misma forma que las jóvenes esposas de Barba Azul fueron perdiendo trozos de sus propios cuerpos, hasta terminar metidas en una cubeta. A ese recipiente lleno de sangre van a parar las muchachas enamoradas. Eso significa la cubeta, el tiempo temible del amor. El cuerpo que pierde trozos de sí mismo es el cuerpo de los que aman. Son estos cuerpos los que sueltan un rastro —escamas, plumas— como los árboles sueltan sus semillas. Soltarlas es quedarse incompleto. "No sé lo que doy", nos dicen. Y tal vez por eso en los cuentos abundan los personajes mudos, o que sufren algún defecto: Pulgarcito, ser demasiado pequeño; Riquete el del Copete, ser muy feo. Personajes que no son como los demás y no entienden lo que les pasa. La prenda que se han visto obligados a entregar es el símbolo de esa parte de sí mismos que perdieron al vivir. Una parte de ese relato inaudible, no de lo que puede decirse, sino de lo que no se puede. Una parte de lo que no saben contar acerca de lo que les pasa. O dicho de otra forma, la historia de ese cuerpo enamorado que sólo en la página en blanco está escrita. Porque, ¿qué significa exactamente, en el cuento de Isak Dinesen, ese lienzo enmarcado? Significa que la vida de la princesa no comienza en el lecho del rey, y que hay en ella una historia que no conocemos, una vida oculta, la de esos encuentros remotos que hacen que ahora la mancha no pueda aparecer. Pero también, que la historia de esas princesas recién casadas no está tanto en la mancha de sangre, sino en esa otra historia que la mancha no refleja, y de la que sólo la parte en blanco del lienzo puede dar cuenta. A esa parte no escrita aluden estos tres elementos: el zapato de cristal, las migas de pan, el huevo o la llave del cuarto prohibido. Perrault no dice que ésta sea blanca, pero si tenemos en cuenta el detalle del huevo, tenemos derecho a suponerlo. Son blancos o transparentes, para que, puestos sobre las sábanas de las recién casadas, no se puedan ver. Forman parte de esa historia secreta, la que la página en blanco cuenta. De ese relato inaudible sin el que ninguna vida sería lo que es.

¿Entonces quién es de verdad Barba Azul? Barba Azul es Eros. Se ha disfrazado con una barba para ver hasta qué punto las muchachas enamoradas dicen la verdad de su amor. Es el encargado de escuchar sus historias. A cambio, cuando llegue la noche, se mostrará en toda su hermosura. Pero, ¡ojo!, sólo ante aquellas que bajaron al círculo y pagaron complacidas su prenda.

# Los cuentos maravillosos

LA RAZÓN ÚLTIMA POR LA QUE CONTAMOS a un niño una historia es buscando su felicidad. No creo que haya una razón de más peso para hacerlo. Hay otras: que esa historia le enseñe a ser generoso, a amar la naturaleza y a los animales, a confiar en los que quiere, a no tener miedo. Pero lo esencial es que le haga feliz escucharla. Si no, ¿para qué se la contaríamos? Es como cocinar para él. Lo hacemos porque necesita alimentarse, pero ese mundo de bizcochos, tartas de crema, natillas y leche frita pertenece al mundo de los afectos.

Borges decía que quien escribe para niños puede quedar contaminado de puerilidad. Y es cierto, pero no lo es menos que el problema no está en los riesgos que se corren sino en cómo logramos salvarlos. Además, ¿qué es ser pueril? Somos pueriles cuando jugamos con un niño pequeño o cuando paseamos con un perro. Somos pueriles cuando amamos a alguien, cuando nos arreglamos para ir a una fiesta o cuando bailamos, y lo seremos definitivamente cuando nos hagamos ancianos. Don Quijote es pueril, y muchos personajes de Kafka también lo son. Incluso me atrevería a decir que la lectura es un acto pueril, ya que nos instala en el mundo de la irrealidad. En ese caso, ¿por qué habría de ser mala? La puerilidad no se confunde con la niñería. Tenemos vidas reales pero nos enamoramos de vidas irreales.

Todos los que amamos los libros sabemos que no leemos para tratar de ser mejores, sino para ser más, o para ser de otra forma. Es decir, que al leer un libro lo que esperamos encontrar en él es nuestra propia vida. Pero ¿sabemos lo que es nuestra vida? No, no lo sabemos. Aún más, no queremos tener una sola vida sino muchas vidas. Y los libros hablan de nuestros deseos. Los cuentos no tienen nada que ver con las lecturas ejemplares de la vieja educación autoritaria. No le dicen al niño que sea obediente, sino que sea atrevido y curioso. Casi todos los cuentos son posibles porque el niño o la niña que los protagonizan no hacen lo que les dicen. Caperucita se detiene a hablar con el lobo y elige el camino más largo para ir a la casa de su abuela, porque le maravilla todo lo que encuentra; y la esposa de Barba Azul sólo vive para robar la llave a su marido y descubrir el enigma del cuarto cerrado. Y el mundo está lleno de caminos extraños y cuartos cerrados, que no son sino esas preguntas que no podemos dejar de hacernos porque contienen la clave de lo que somos: por qué existe el dolor y la alegría, por qué existe la injusticia, por qué nacemos y por qué tenemos que morir, por qué fueron creados los elefantes, los ríos, el ámbar o las estrellas.

Casi todas estas preguntas carecen de respuesta, pero los cuentos hacen que sigan vivas en nuestros corazones y así nos ayudan a vivir. Pues quien pregunta quiere saber, descubrir algo, y la imaginación es la facultad que nos permite abandonar el territorio de lo conocido y lo previsible e internarnos en el vasto campo de lo posible. Emily Dickinson dijo que la poesía era una casa encantada. Eso son los cuentos, la Casa de la Posibilidad. Lo bueno de contar un cuento a un niño es que creamos un lugar nuevo, un lugar donde podemos tener una segunda vida. No creo que ninguno de nosotros fuera gran cosa sin esa segunda vida que nos entregan los sueños. Julien Green afirmaba que la imaginación es la memoria de lo que no sucedió nunca; y nosotros añadimos: pero debió suceder. Es un acto de rebeldía frente a esa realidad cotidiana que impone a los hombres una manera de vivir y de comportarse que nada o casi nada tiene que ver con lo que de verdad desean o son. La imaginación es como ese doble enmascarado que en los relatos de aventuras abandona el ámbito de seguridad de la casa y aprovechando la noche se escapa por los tejados. Nos promete el mundo de las ventanas iluminadas, de los tesoros que brillan en la oscuridad, de los amores prohibidos. Es decir, todo lo que sin duda merecimos pero no llegamos a tener. Santa Teresa la llamó "la loca de la casa", pero su misión está llena de sentido común: hacer que la realidad vuelva a ser deseable y que los deseos se hagan reales. En definitiva, que eso que llamamos lo real no pueda existir sin el anhelo de lo verdadero.

# Las cosas dentro de las cosas

"LA COMPLEJIDAD DE LAS COSAS, las cosas dentro de las cosas, es sencillamente inagotable", declara Alice Munro en una entrevista reciente. En *La princesa liviana*, el primer texto de *Cuentos de hadas (para todas las edades)* de George MacDonald, una niña es condenada por un hada perversa —a quien olvidaron invitar a la fiesta de su bautizo— a vivir ajena a las leyes de la gravedad. Y, a partir de ese momento, todos tienen que estar pendientes de ella pues una simple corriente de aire puede llevársela por la ventana. Pero esa ligereza es también una ligereza de su carácter. Se ríe sin motivo y es indiferente a toda preocupación o responsabilidad. Tampoco puede enamorarse, pues ¿cómo una princesa que carece de gravedad puede caer presa del amor? Sólo el agua tiene el poder misterioso de dar materialidad a su cuerpo y, cuando lo descubre, se pasa el día metida en el lago. Piensan entonces que, si el agua tiene ese efecto, bastará con hacerla llorar para que sea como las otras muchachas. Pero ¿cómo conseguir sus lágrimas si no tiene corazón? Incluso su padre llega a darle una paliza, pero todo es inútil. Una noche un príncipe la encuentra en el lago y se baña con ella. Pero ahora la bruja hará desaparecer el lago, y el príncipe tendrá que sacrificar su vida para salvarla.

Así son los cuentos de George MacDonald: "cosas dentro de las cosas". Leerlo es como llegar a un palacio donde siempre quedan puertas por abrir. O, mejor dicho,

a un mundo donde todo puede transformarse en una
puerta —una estrella, un árbol, un lago, la oscuridad de
la noche, el arco iris—, como si la verdadera vida siempre estuviera en otra parte. "Una verdadera obra de arte
—dice MacDonald—, ha de significar muchas cosas.
Cuanto más verdadera sea, más significados contendrá."
Para George MacDonald, junto al mundo que vemos y
podemos tocar y conocer está el mundo escondido, formado por todo lo que vive más allá de nuestra razón.
"Cuanto más lejos vayas, más cerca estarás de tu casa",
afirma dando a entender que cuentos y sueños se confunden. Dos son los principios que rigen su universo: la
igualdad y la simultaneidad absoluta entre los seres que
pueblan el mundo real y el soñado, porque "no es posible
saber dónde empieza y dónde acaba el país de las hadas"; y el hecho de que ninguna norma puede imponer-
se a excepción de aquella que revela cada obra. "¿Cómo
sabes que soy un príncipe?", le pregunta el protagonista
de uno de los cuentos a una princesita que tiene el poder
de iluminar el mundo con la luz de sus ojos: "Porque
haces lo que se te pide y además dices la verdad". Un
príncipe es alguien que respeta las leyes del mundo y que,
sin él saberlo, tiene tratos con la verdad. Pero contar es
un acto carente de resultados. No es posible saber de qué
forma le afecta a un niño un cuento, pero éste debe surgir
de una experiencia con la verdad, como si la verdad fuera
la condición de posibilidad del contar.

Princesitas leves como hojas, gigantes que dan su corazón a una nodriza para evitar la responsabilidad que
supone tener que ocuparse de él, niñas que menguan o
crecen con la luna, hadas que raptan a los mortales porque

encuentran aburrido su reino, niñas ciegas que sólo co-
nocen la oscuridad del mundo, así son los personajes que
pueblan este libro que es un bálsamo para nuestro corazón
enfermo de realidad. "Yo no escribo para niños, sino para
todos aquellos que son como niños, ya tengan cinco, cin-
cuenta o setenta y cinco años."

> Natalia Ginzburg dice que debemos enseñar a nuestros hijos
> las grandes virtudes en vez de las pequeñas. "No el ahorro
> sino la generosidad y la indiferencia ante el dinero; no la
> prudencia, sino el coraje y el desprecio por el peligro; no
> la astucia, sino la franqueza y el amor por la verdad; no la
> diplomacia, sino el amor al prójimo y la abnegación; no el
> deseo de éxito, sino el deseo de ser y de saber.

Francis Scott Fitzgerald escribió en *El gran Gatsby* que
"la roca del mundo está sólidamente asentada sobre las
alas de un hada", y es justo eso lo que nos demuestran
estos cuentos.

George MacDonald se crió en una atmósfera calvinis-
ta, doctrina con la que nunca se sintió a gusto. Se cuenta
que cuando se enteró de la teoría de la predestinación,
desconsolado se echó a llorar. Se hizo pastor, pero sus sermones sobre la imposibilidad de que Dios condenara a
alguna de sus criaturas, produjeron desconfianza en sus
superiores que le redujeron el sueldo a la mitad. Platónico
por convicción, creía que belleza, bien y verdad se confunden, y que no hay que temer en exceso los hechizos
de las hadas, pues a la larga todos terminan por resultar
benéficos; también, que la muerte es la mayor aventura. Fue
amigo de Lewis Carroll, y su obra ejercería una gran in-

fluencia en autores como J. M. Barrie, C. S. Lewis y J. R. R. Tolkien. Todos ellos creían que narrar era "ser miembro de una tribu antigua, ociosa, extravagante e inútil", y que la tarea de la literatura, como afirmó Isak Dinesen, era recobrar en nuestra imaginación todo lo perdido en el mundo exterior. "Si un acorde de mi quebrada música —escribe George MacDonald— hace brillar los ojos de un niño, o hace que los de su madre se nublen un solo instante, mi trabajo no habrá sido en vano."

# Para comerte mejor

G. K. CHESTERTON SOLÍA DECIR que el dragón ya existe en el interior de los niños y que lo que hacen los cuentos es darles el caballero que les permite enfrentarse a él. El dragón simboliza los impulsos destructores inherentes a la naturaleza humana, el *ello* freudiano; y el caballero, el impulso socializador de esos impulsos, el *yo* que permite controlarlos y servirse de su fuerza. Este esquema puede aplicarse a todos los cuentos en que aparecen brujas, ogros y otros monstruosos devoradores; entre ellos, a *Caperucita roja,* de los hermanos Grimm. Muchos adultos no quieren contarles estos cuentos a los niños por el temor a poblar sus noches de pesadillas, pero se equivocan al pensar así. El miedo ya está en ellos y lo que hacen los cuentos es darles recursos para enfrentarse a él. Estos cuentos, además, no sólo tratan de los peligros del mundo, sino que les hablan a los niños de sí mismos, de aquello que son más allá de lo que a sus padres les gustaría que fueran. Hay un niño Jekyll, obediente y siempre dispuesto a hacer lo que los adultos le piden; y un niño Hyde, siempre metido en asuntos peligrosos. Y lo bueno de Caperucita es que no es enteramente ni uno ni otro. Todos los protagonistas de los cuentos son así. Viven entre la razón y la locura, entre el principio de realidad y el principio del placer, entre el mundo de la abuelita y el mundo del lobo.

En *Jack y las habichuelas mágicas*, un niño cambia su vaca por unas habas mágicas. Éstas crecen durante la noche y le permiten escalar por su tronco a un reino más allá de lo real. Es un reino habitado por un ogro insaciable que al percibir el olor sabroso de su cuerpo ("¡tarambí, taramba-na, aquí huele a carne humana!") lo busca para comérselo. Pero ese mundo guarda la sorpresa inesperada de la gallina de los huevos de oro. Jack logra arrebatársela al ogro y llevarla consigo cuando regresa, con lo que asegura la prosperidad de los suyos. El reino de las brujas, de los ogros y de los lobos devoradores simboliza en los cuentos algo más que el mundo primario y caótico del instinto, es también el mundo de las riquezas de la infancia. En él se guardan los tesoros del deseo, del hambre de vivir. Por eso Caperucita hace caso al lobo y en vez de irse directo a la casa de su abuela, como le ha advertido su madre, elige el camino más largo y se interna en el bosque en busca de esos tesoros.

Los niños pequeños todo se lo llevan a la boca, todo se lo quieren comer. Si tuvieran más fuerza, una mandíbula más poderosa, serían criaturas terribles que todo lo devorarían. No es extraño que les guste *Caperucita roja*, ni que esperen en ascuas el momento en que el lobo, tras comerse a la abuela y ponerse su camisón, recibe a Caperucita en la cama. La escena en que ésta, extrañada por su aspecto, pregunta a su abuela por la razón de que sus orejas, sus ojos y su nariz sean tan grandes, es sin duda uno de los momentos más gozosos y maravillosamente perversos del mundo del cuento. Nadie ha podido superar una escena así. "¡Para comerte mejor!", exclama finalmente el lobo ante la pregunta de por qué tiene una boca tan grande. Y para el niño éste es un momento a la vez de terror y de indescriptible felicidad. De terror, porque está a punto de cometerse un crimen atroz; de felicidad, porque la comida tiene que ver con el deseo, y de hecho él no ha hecho sino alimentarse del cuerpo de su madre. La boca es uno de los órganos esenciales del deseo, y por eso uno de los juegos preferidos entre una madre y su hijita es jugar a comerse la una a la otra.

Pero el cuento no termina con ese atracón. En la versión de los hermanos Grimm, un cazador descubre al lobo, lo mata y, al abrir su barriga, devuelve a la vida a Caperucita y a su abuela. El final feliz es mucho más que un arreglo tranquilizador. La madre que cuenta este cuento a su hijo sabe que en él hay un lobo, un lobo que toma posesión de él ciertas noches de luna llena. O dicho de otra forma, que el lobo vive en su propio corazón y que tiene que ayudarle a vencerlo. ¿Sólo a vencerlo? No, pues sin el lobo no hay festín, y sin éste no es posible el amor. Caperucita es una mediadora entre la casa y el mundo de la razón; y el bosque, el mundo del instinto.

El cuento de los hermanos Grimm enseña a los niños que deben desconfiar del lobo, pero también que deben detenerse a escucharlo y seguir el camino del bosque. El bosque es una metáfora de nuestro propio corazón, de sus rarezas, de sus peligros, de sus ocultas riquezas. En el bosque está la casa de la abuelita, pero también la oscuridad de la noche, la amenaza de las alimañas, los peligros de lo desconocido. La casa es la parte habitable, nuestra razón, nuestro pequeño yo; el bosque, esa desmesura que en los mitos habitan los dioses caprichosos y oscuros. El mundo de nuestros instintos, de nuestros apetitos más primarios, de todo lo que somos pero no nos atrevemos a reconocer. El lobo forma parte de ese corazón desmesurado. Es el niño mismo, pero con el rostro deformado por sus deseos, y ésa es la razón de que Caperucita no se sorprenda al verlo ocupar el lugar de la abuelita. La jeta del lobo es el rostro de la abuelita deformado por la oscuridad del deseo.

Tal es la enseñanza del cuento: no dejes que ese mundo instintivo tome posesión de ti, pero tampoco te separes por completo de él; si lo haces, perderás el deseo de vivir. El cuento de *Caperucita roja* nos enseña que es posible meter al lobo en la casa. Eso es lo que significa el lobo disfrazado de abuelita, que necesitamos los cuentos para que el deseo viva en nosotros sin hacernos daño. La escena de la cama es la escena de todos los amantes en la unión sexual. Se devoran el uno al otro y milagrosamente quedan intactos. Han transformado el sexo en gozo humano, es decir, en palabras: en un cuento. ¡Y ay de ellos si no lo hacen!

Por eso el verdadero protagonista de este cuento no es el lobo sino Caperucita. Aún más, la clave está en su caperuza roja. Bruno Bethelheim, en su libro *Psicoanálisis de los cuentos de hadas*, relaciona ese color con la primera menstruación de las niñas. Se hacen mujeres y deben enfrentarse a los peligros de su sexualidad naciente. Pero en ese caso, ¿por qué el cuento fascina sobre todo a los niños pequeños, tan ajenos a esas cuestiones? No, Bruno Bethelheim se equivoca. Incluso me atrevería a decir que la caperuza roja simboliza justo lo contrario de lo que él nos sugiere. Lo importante no es que los niños se hagan mayores, sino que al crecer no abandonen del todo el mundo de los cuentos, eso nos enseña. Rainer Maria Rilke dice que la verdadera patria del hombre es la infancia, y la caperuza roja nos lo recuerda.

"Érase una vez una niña que en cuanto se la veía se la amaba", así comienza el cuento de los hermanos Grimm.

Seducida por el encanto de la niña, su abuela le regala una caperuza roja que la pequeña ya no se quitará. En los cuentos muchos niños llevan una estrella o una llamita en la frente. Tales niños suelen ser confiados y se meten en todo tipo de peligros, pero raras veces pierden la cabeza. El amor es así, hace que el bosque se transforme en un jardín; el lobo, en una abuelita complaciente: pone una caperuza roja en la cabeza de los niños. Tal es la paradoja de los cuentos: que cuanto más locos y maravillosos son, más razonables vuelven a los niños que los escuchan. Pero ¿por qué habría de extrañarnos si la razón es el fruto más delicado del jardín de las hadas?

# La cueva de Alí Babá

"LEO CON EL APETITO de una muchacha que piensa que va a encontrar al Príncipe Encantador en los libros", escribió Isak Dinesen. La literatura nos permite vivir con más intensidad nuestra propia vida y tener aventuras que estén a la altura de nuestros sueños y anhelos. El lenguaje poético, según la gran escritora danesa, debe responder a la vez al sentimiento del placer y al del deber. Amar algo es apropiarse de su vitalidad, como hace el cazador con las piezas que cobra, pero también hacerse responsable de ello. Algo, en suma, muy cercano a la experiencia amorosa. "Una entrega encantada", así definió Ortega el amor. Es lo que nos pasa cuando leemos un libro que nos gusta. Gracias a él accedemos a un lugar nuevo, un lugar de hechizo que tal vez no podamos abandonar. Buscamos, como los vampiros, nutrirnos de una sangre que no nos pertenece, para fortalecer con ella nuestra propia vida.

"La verdadera vida, la única vida realmente vivida es la literatura. Gracias a ella se nos revela el mundo. Sin la literatura, nuestra propia vida nos sería desconocida", decía Marcel Proust. ¿Es cierto eso? Edith Wharton, en su prólogo a *Historias de fantasmas,* se permite dar un consejo a los jóvenes aprendices de escritores: "Si quieres escribir una historia de fantasmas debes sentir miedo al hacerlo". Es un consejo prudente, pues si no conocieran el miedo, ¿cómo podrían transmitírselo al lector? El escritor necesita haber vivido para lograr que su experiencia pase a sus lectores

a través de la escritura, pero esto no quiere decir que leer
sea lo mismo que vivir. Los libros nos ofrecen imágenes y
palabras que tal vez ayudaron a vivir a otros hombres, y que
pueden ayudarnos a nosotros, pero no se confunden con la
vida ni pueden sustituirla.

La literatura es como un gran almacén. Se guardan en
él todas las emociones humanas, nuestros sueños y nuestras preguntas, y leer es entrar en ese almacén y tomar
lo que necesitamos. El lector devuelve a la vida, a través
de lectura, lo que el escritor tomó de ella para escribir sus
libros, con lo que el círculo se cierra. Bernhard Schlink
es el autor de una novela que es una delicada metáfora de
todo esto. Se titula *El lector* y en ella un adolescente conoce a una mujer que le dobla la edad y con la que inicia
una apasionada relación. En las pausas de sus encuentros
sexuales, ella le pide que le lea los libros que estudia en
la escuela. El muchacho lo hace, y las palabras de esos libros regresan a la vida en forma de caricias y encendidos
besos. Y el muchacho quedará marcado para siempre por
esa turbadora mezcla.

Las bibliotecas son como la cueva de Alí Babá, y la
historia de la literatura es la historia de cómo se ha ido
formando ese botín inagotable y secreto. La poesía nos
enseña a pronunciar las palabras que abren las piedras y a
rescatar ese botín del olvido. Participa a la vez del mundo
real y del de los sueños. La poesía nos lleva a los lugares
soñados donde yacen los tesoros, pero a la vez nos permite
regresar de ellos con las bolsas repletas. ¿Para qué serviría
un tesoro si no se pudiera robar? Un tesoro no es nada sin un
lugar real donde ser ofrecido o repartido. Y ese lugar real
es la vida de todos los lectores del mundo.

Jorge Luis Borges agradece en el *Poema de los dones* la diversidad de las criaturas que forman este singular universo. Da gracias por el rostro de Elena y la perseverancia de Ulises; por el amor, que nos deja ver a los otros como los ve la divinidad; por las místicas monedas de Ángel Silesio; por el último día de Sócrates; por aquel sueño del islam que abarcó mil y una noches; por Swedenborg, que conversaba con los ángeles en las calles de Londres; por las rayas del tigre; por el lenguaje que puede simular la sabiduría; por el sueño y la muerte... Todos esos dones componen un único libro, un libro inagotable en que vida y lenguaje se confunden. Los libros están hechos de palabras, pero nuestra vida también. Ser hombre es vivir en el lenguaje, recibir esos dones que, en gran parte, se confunden con las palabras. Stéphane Mallarmé dijo que el mundo se creó para transformarse en un libro, y vivimos tratando de que nuestra vida se convierta en una historia que merezca la pena escuchar.

Cuando voy a dar charlas a los institutos de enseñanza media siempre digo a chicos y chicas que, por mucho que se empeñen, no pueden escapar a la literatura. No importa que no lean, que no abran un libro jamás, pues la literatura, la poesía, forma parte de ellos. Es más, tiene que ver con las experiencias más decisivas de sus propias vidas, con esos momentos de epifanía y gozo que todos anhelan tener. El amor es una experiencia así. Transcurre en el mundo, pertenece al campo de lo real, pero es a la vez una experiencia poética. Los momentos más intensos de nuestra vida tienen una naturaleza doble: suceden en el mundo real y en el de los sueños. La única manera de escapar a la literatura —sigo diciéndole a mis jóvenes interlocutores— es dejar de soñar. Por eso los animo a leer, porque la vida sólo merece la pena cuando está hecha de la misma materia con que se hacen los buenos cuentos. ¿Y qué nos dicen esos relatos? Algo muy simple: que podemos traernos cosas de los sueños. Coleridge tiene un poema en que un poeta sueña con un jardín fabuloso donde todo es perfecto. Paseando por sus senderos, ve un hermoso rosal y toma distraído una de sus rosas. Pero algo pasa y se descubre, de golpe, acostado en el cuarto inmundo de una pensión. Comprende decepcionado que ese jardín sólo ha existido en su fantasía y, cuando trata de volver a dormirse, ve sobre la mesilla la rosa que acaba de cortar. Puede que el jardín fuera un sueño, pero se ha traído de él una flor. ¿Es posible esto? La literatura nos dice que sí. El poema es la prueba. Coleridge no se limita a soñar con un lugar maravilloso, sino que escribe un poema que podemos leer. Ese poema es la rosa, una rosa de palabras. Leerlo es pasear por el jardín encantado, aspirar sus aromas desconocidos, llevar en las manos la rosa soñada.

No leemos porque queramos escapar del mundo, ni para sustituirlo por otro hecho a la medida de nuestros deseos, sino para ser reales. Tal es la razón última de todos los libros que existen. "¡Quiero ser real!", es lo que exclaman todos los lectores del mundo cuando abren un nuevo libro. Y, paradójicamente, ese deseo es su sueño más desatinado y hermoso.

# El último cuento

CÉSAR AIRA, EL GRAN ESCRITOR ARGENTINO, cuenta en uno de sus artículos su encuentro con una niña en un aeropuerto. Están pasando el control para embarcar y deben dejar sus equipajes de mano en el escáner, pero al llegar el turno de la niña ésta se niega a separarse de su muñeca. Tratan de convencerla, pero resulta inútil, y cuando finalmente le quitan la muñeca, la niña se sume en un llanto desesperado. Todos ven cómo la muñeca es arrastrada por la cinta transportadora hacia el oscuro interior de la máquina y cómo, sólo unos segundos después, aparece intacta por el otro lado, sin que esto llegue a tranquilizar a la niña, que sigue llorando con el desconsuelo del que teme que se haya producido un daño irreparable.

César Aira se imagina conmovido la angustia de la niña al tener que abandonar a su pequeña compañera en las fauces de aquella máquina insaciable, y recuerda algo que le sucedió a Franz Kafka. Se trata de una historia real que ha leído en una biografía del escritor checo. Kafka pasea por un parque y al ver a una niña llorando se acerca para consolarla. La niña, entre hipidos, le cuenta que ha perdido su muñeca y ambos se ponen a buscarla. Como no dan con ella, Kafka se aparta un momento y regresa contándole que la acaba de ver. Tenía mucha prisa por irse a recorrer el mundo y le ha pedido que le diga a la niña que no se preocupe, ya que le escribirá todos los domingos. Le enviará las cartas a él y será el encargado de llevárselas. La niña escucha

complacida a Kafka y se despide de él hasta el domingo
siguiente. Y, en efecto, llega ese domingo, y Kafka y la niña
vuelven a verse en el mismo lugar. Kafka lleva con él la carta de la muñeca, y la niña escucha arrobada su lectura. Y a
esa primera carta le siguen otras en los sucesivos domingos,
de forma que aquella correspondencia se transforma en un
cuento maravilloso en que la muñeca va pasando revista a
sus aventuras por esos mundos de Dios.

César Aira afirma que ese cuento perdido es el último cuento infantil. Es más, que Kafka fue en el fondo el
último escritor de cuentos de hadas, heredero de una estirpe que tuvo en el escritor danés Hans Christian Andersen uno de sus máximos representantes, como dando
a entender que después de él ya no es posible escribir
cuentos para niños. Pero César Aira no explica qué lo
lleva a pensar así. Y resulta extraño que haga una afirmación semejante cuando lo que demuestra la escena del
aeropuerto es que los niños de hoy siguen necesitando
cuentos que les ayuden a sobrellevar la angustia presente
en tantos momentos de su vida. En ese caso, ¿por qué los
adultos habrían de renunciar a inventárselos?

Todos los padres que tienen niños pequeños saben
hasta qué punto éstos pasan por múltiples momentos de
zozobra y angustia, y están esperando que alguien les ayu-
de a comprender qué les pasa. Puede que los cuentos no
disipen esa angustia tan presente en el mundo infantil,
pero ayudan a los niños a elaborarla, ofreciéndoles mecanismos para enfrentarse a ella. Por ejemplo, todos los
niños tienen miedos. Miedo a la noche y su reino oscuro
e indeterminado, miedo a los pasillos interminables de las
casas, a los ruidos misteriosos. Y el miedo no tiene que

ver con la razón. No cabe pues enfrentarse al miedo de un niño haciéndole ver que es absurdo y que no debe sentir algo así ya que en una casa de ciudad, pongamos por caso, no es concebible que aparezca un león o un cocodrilo gigantesco sólo con el propósito de devorarlo. Negar lo razonable de ese sentimiento no le hará dejar de sentirlo, por lo que esa literatura encaminada a volver razonables a los niños es tan inútil como desafortunada. Pero bastará con contarle una historia en que aparezcan dragones, destripadores o brujas malvadas para que el niño sienta un vivo interés por lo que se le cuenta. Y el adulto le cuenta esas historias no por puro sadismo, sino para ponerse a su lado. "Es lógico que tengas miedo —le dice—, pues la vida es difícil y está llena de cosas que no comprendemos, pero no te preocupes, también hay aliados maravillosos, figuras que vendrán en nuestra ayuda y, sobre todo, facultades como la astucia, la voluntad o la imaginación, que nos permitirán burlar a esos fantasmas devoradores."

Kafka no trata de convencer a la niña de que no tiene que llorar, haciéndole ver que esa muñeca está lejos de ser un ser vivo y que con facilidad se le puede sustituir por otra, sino que le dice que tiene razón en sentirse así, pero también que las cosas casi nunca son como parecen y que si la muñeca ha desaparecido, puede que sea porque ha tenido algo importante que hacer. Y entonces se inventa que se ha tenido que ir a recorrer el mundo, y elabora el recurso de las cartas hasta que la niña esté en condiciones de aceptar que muchas veces en la vida tenemos que despedirnos de las cosas que amamos, lo que es muy distinto de perderlas, pues para que eso no suceda existen la memoria y la imaginación.

Uno de los problemas de la llamada literatura infantil es que nadie cree en ella. Muchas veces ni siquiera los que la escriben. Tolkien se desesperaba cuando se le hablaba del éxito de *El señor de los anillos* entre los jóvenes, y Andersen siempre deseó triunfar como dramaturgo y novelista de adultos, y de hecho gritaba como un niño cuando fracasaba en los estrenos de sus obras teatrales. C. S. Lewis decía que los libros deben escribirse no para gustar a alguien, sino por el amor que el autor siente hacia la historia que cuenta. De forma que es imprescindible que el escritor ame lo que quiere decir, antes de pensar en los niños que le van a leer. Pero, claro, también tiene que pensar en los niños si es un cuento lo que quiere escribir. Y debe tener en cuenta su menor experiencia, y hacer un esfuerzo para ser comprendido por ellos. De hecho, gran parte de la mejor literatura infantil ha surgido como un acto de amor hacia un niño concreto. Es el caso de Barrie, de Carroll, Milne, Kipling, C. S. Lewis, etc., que escribieron sus libros pensando en niños a quienes amaban, pero también el de Kafka.

Puede que un psicólogo, al menos de ciertas escuelas, no hubiera aprobado la actitud del escritor checo. Pensaría que engañaba a la niña. Tendría que haberle dicho que la muñeca se había perdido, y haberle enseñado desde muy temprano que la vida es así de complicada, en vez de darle falsas esperanzas. Pero los cuentos auténticos no tienen que ver con las falsas esperanzas. Aún más, los cuentos no sólo querrán tranquilizar a los niños, sino que los animarán a ser atrevidos y curiosos, pues la misión de los cuentos no es comentar la vida sino ampliarla, ofreciendo a quienes los escuchan territorios nuevos que deben aprender a explorar.

Algo así es lo que Kafka viene a decir a la niña: que, bien mirado, lo extraño es que ese juguete que se deja al pie de la cama durante la noche siga estando en el mismo lugar cuando nos despertamos. Una visión así nos hace ver los objetos del mundo desde una actitud de asombro, con los ojos de los que ven su paso por el mundo como una aventura fugitiva, pero digna de ser vivida. Ésas son las lecciones de los cuentos.

Chesterton, en *Viaje al país de los duendes*, nos recuerda algunas. La lección de *La cenicienta* es que sólo los humildes pueden encontrar las llaves del jardín del amor; la de *La bella y la bestia*, que hay que amar las cosas antes de que se vuelvan amables; la de *La bella durmiente*, que todos los niños al nacer, entre los dones de la vida, reciben la maldición de la muerte, pero que la muerte puede desvanecerse hasta transformarse en un sueño. No son malas lecciones. Es absurdo que los adultos renuncien a ellas cuando están al lado de los niños a los que aman.

# La educación de los niños

EN UNA OCASIÓN, FABRICIO CAIVANO, el fundador de *Cuadernos de Pedagogía*, le preguntó a Gabriel García Márquez acerca de la educación de los niños. "Lo único importante —le contestó el autor de *Cien años de soledad*— es encontrar el juguete que llevan dentro". Cada niño llevaría uno distinto y todo consistiría en descubrir cuál era y ponerse a jugar con él. García Márquez había sido un estudiante bastante desastroso hasta que un maestro se dio cuenta de su amor por la lectura y, a partir de entonces, todo fue miel sobre hojuelas, pues ese juguete eran las palabras. Es una idea que vincula la educación con el juego. Según ella, educar consistiría en encontrar el tipo de juego que debemos jugar con cada niño, ese juego en que está implicado su propio ser.

Pero hablar de juego es hablar de disfrute, y una idea así reivindica la felicidad y el amor como base de la educación. Un niño feliz no sólo es más alegre y tranquilo sino que es más susceptible de ser educado, porque la felicidad le hace creer que el mundo no es un lugar sombrío, hecho sólo para su mal, sino un lugar en el que merece la pena estar, por extraño que pueda parecer muchas veces. No creo que haya una manera mejor de educar a un niño que hacer que se sienta querido. Y el amor es, básicamente, tratar de ponerse en su lugar. Querer saber lo que los niños son. No es una tarea sencilla, al menos para muchos adultos. Por eso prefiero a los padres consentidores que a los que se empeñan en decirles en todo momento a sus hijos lo que deben hacer, o a los que no se preocupan para nada de ellos. Consentir significa mimar, ser indulgente, pero también otorgar, obligarse. Querer para el que amamos el bien. Tiene sus peligros pero creo que éstos son menos letales que los peligros del rigor o de la indiferencia. Hay adultos que tienen el maravilloso don de saber ponerse en el lugar de los niños. Ese don es un regalo del amor. Basta con amar a alguien para desear conocerlo y querer acercarse a su mundo. Y la habilidad para tratar a los niños sólo puede provenir de haber visitado el lugar en que éstos suelen vivir. Ese lugar no se parece al nuestro, y por eso tantos adultos se equivocan al pedir a los pequeños cosas que no están en condiciones de hacer. ¿Pediríamos a un pájaro que dejara de volar, a un monito que no se subiera a los árboles, a una abeja que no se fuera en busca de las flores? No, no se lo pediríamos, porque no está en su naturaleza el obedecernos. Y los niños están locos, como lo están todos los que viven el comienzo de algo. Una vida tocada por la locura es una vida abierta a nuevos principios, y por eso debe ser vigilada y querida. Hay adultos que no sólo entienden esa locura de los niños, sino que se deleitan con ella. San Agustín distinguía entre usar y disfrutar. Nos servimos de las cosas del mundo, disfrutamos de nuestro diálogo con la divinidad. Educar es distinto de adiestrar. Educar es dar vida, comprender que el dios de san Agustín se esconde en la realidad, sobre todo en los niños.

En *El guardián entre el centeno*, el muchacho protagonista se imagina un campo donde juegan los niños y dice que lo que le gustaría es ser alguien que, escondido entre el centeno, los vigila en sus juegos. El campo está al lado de un abismo, y su tarea sería evitar que los niños puedan acercarse más de la cuenta y caerse. "En cuanto empiezan a correr sin mirar adónde van, yo salgo de donde esté y los tomo. Eso es lo que me gustaría hacer todo el tiempo. Vigilarlos." El protagonista de la novela de Salinger no les dice que se alejen de allí, no se opone a que jueguen en el centeno. Entiende que ésa es su naturaleza, y sólo se ocupa de vigilarlos y acudir cuando se exponen al peligro más de lo tolerable. Vigilar no se opone a consentir, sólo consiste en corregir un poco nuestra locura.

Creo que los padres que de verdad aman a sus hijos, que están contentos de que hayan nacido y disfrutan con su compañía, lo tienen casi todo hecho. Sólo deben ser un poco precavidos y combatir los excesos de su amor. No es difícil, pues los efectos de esos excesos son mucho menos graves que los de la indiferencia o el desprecio. El niño amado siempre tendrá más recursos para enfrentarse a los problemas de la vida que el que no lo ha sido nunca.

En su libro de memorias, Esther Tusquets cuenta que el problema de su vida fue no sentirse suficientemente amada por su madre. Ella piensa que el niño que se siente querido de pequeño puede con todo. "Yo no me sentí querida y me he pasado toda la vida mendigando amor. Una pesadez." Pero la mejor defensa de esta educación del amor que he leído en los últimos tiempos se encuentra en el libro del colombiano Héctor Abad Faciolince, *El olvido que seremos.* Es un libro sobre el misterio de la bondad, en el que puede leerse algo que debería aparecer en la puerta de todas las escuelas; que el mejor método de educación es la felicidad. "Si quieres que tu hijo sea bueno —escribe

Héctor Abad Gómez, el padre tan amado de Faciolince—, hazlo feliz; si quieres que sea mejor, hazlo más feliz. Los hacemos felices para que sean buenos y para que luego su bondad aumente su felicidad." "Mi papá siempre pensó —escribe Faciolince—, y yo le creo y lo imito, que mimar a los hijos es el mejor sistema educativo." Y unas líneas más abajo añade:

> Ahora pienso que la única receta para poder soportar lo dura que es la vida al cabo de los años, es haber recibido en la infancia mucho amor de los padres. Sin ese amor exagerado que me dio mi papá, yo hubiera sido mucho menos feliz.

# Por una escuela pública, laica y literaria

SON NUMEROSOS LOS CUENTOS infantiles que giran en torno al temor de los niños a ser rechazados por los adultos. Suelen terminar con el regreso a casa de sus pequeños protagonistas. Cuando esto sucede, ya no son los mismos que aquellos que fueron abandonados. Se han enfrentado a los peligros del mundo y regresan preparados para asumir los compromisos del crecimiento. Y lo hacen, esto suele olvidarse, llevando con ellos los tesoros del mundo de la infancia: las riquezas de la bruja, la gallina de los huevos de oro, el botín que se guardaba en la cueva de Alí Babá.

Los cuentos maravillosos contienen una enseñanza para niños y adultos. Al niño le dicen que la vida es extraña y que tendrá que enfrentarse a numerosos peligros al crecer, pero que si es noble y generoso logrará salir adelante; y al adulto, que no debe abandonar del todo su infancia, pues su vida se empobrecerá si lo hace. Ortega escribió:

> Somos todos, en varia medida, como el cascabel, criaturas dobles, con una coraza externa que aprisiona un núcleo íntimo siempre agitado y vivaz. Y es el caso que, como el cascabel, lo mejor de nosotros está en el son que hace el niño interior al dar un brinco para libertarse y chocar con las paredes de su prisión.

Nadie puede discutir el papel que ha representado la escuela pública en la reivindicación de la autonomía de la infancia, ni el esfuerzo que se han visto obligadas a realizar varias generaciones de maestros y maestras para lograr una enseñanza que no se dirija a un niño privilegiado, sino al niño único, a ese niño que en el fondo son todos los niños, al margen de su sexo, clase, raza, religión o capacidad. La enseñanza debe ser pública, laica y, como afirma Federico Martín Nebreda, literaria. Sólo siendo pública se asegurará la igualdad de oportunidades y la atención a los menos favorecidos; sólo siendo laica, sus valores serán los principios universales de la razón y no estarán dictados por ninguna iglesia ni sujetos a dogmas particulares; y sólo siendo literaria el adulto acertará a ponerse en el lugar de los niños y a mirar por sus ojos. Porque es verdad que los niños van a la escuela a aprender una serie determinada de saberes —matemáticas, geografía, ciencias naturales—, pero también a hablar con esa voz que sólo a ellos les pertenece y que hay que saber escuchar.

A la educación racional, basada en la transmisión ordenada de conocimientos objetivos, debe añadirse otra, basada en el amor y en el reconocimiento del valor y el misterio de la infancia. Montaigne no aprobaba la pasión de hacer cariños a los recién nacidos, por considerar que carecían de toda actividad mental y eran indignos de nuestro amor, llegando incluso a no soportar que se les diera de comer en su presencia, y durante mucho tiempo el niño que era demasiado pequeño para participar en la vida de los adultos fue considerado un ser inferior que debía permanecer en el ámbito de lo doméstico y de las mujeres. Pero el niño es algo más que una criatura imperfecta a la que hay que llevar de la mano hasta que se transforme en alguien semejante a nosotros. El niño, como ha dicho François Dolto, es el *médium* de la realidad. Su voz, como la del poeta, es la otra voz, la que nos sitúa en el ámbito de esas experiencias básicas —la del conocimiento, la del amor, la de la imaginación— sin las que nuestro corazón se consumiría inevitablemente.

Por eso la escuela debe ser literaria y el maestro, antes que nada, alguien que cuenta cosas. Un maestro no necesita para esta tarea que los niños le entiendan, debe arreglárselas para que lo sigan, para que vayan donde él va. Como el flautista de Hamelin, debe contagiar a los niños su felicidad, y su arma para lograrlo son las palabras. No las palabras de las creencias, que le dicen al niño cómo debe pensar y vivir, sino las palabras libres del relato, que lo animan a encontrar su propio camino. Sherezade encanta al sultán con sus historias y así logra salvar la vida; la pequeña cerillera ilumina el mundo con sus frágiles fósforos, y en un cuento de *Las mil y una noches* un muchacho ve cómo un grupo de ladrones con una palabra hace abrirse la montaña donde guardan sus tesoros. Las palabras de la escuela deben ser ese "¡Ábrete Sésamo!" capaz de abrir las piedras y llevar al niño a la cueva donde se guardan los tesoros del corazón humano. Pero también, como las llamas de la cerillera, deben ayudarle a ver el mundo. No sólo a ver mejor, sino a ver lo mejor, como quería Juan de Mairena.

Rainer Maria Rilke afirmaba que la verdadera patria del hombre es la infancia. Frente a la idea de la infancia como una mera etapa de transición hacia el estado adulto, el poeta alemán postula la autonomía radical de la infancia. Aún más, la ve como un estadio superior de la vida, como esa patria a la que, antes o después, es necesario volver. Georges Bataille dijo que la literatura es la infancia recuperada; Georges Braque, que cuando dejamos de ser niños estamos muertos; y J. M. Barrie, el autor de *Peter Pan*, que los dos años son el principio del fin. No se trata de que el niño no deba crecer, sino de valorarlo por eso que es en sí mismo y que le hace ser soberano de un reino del que sólo él tiene la llave.

Las palabras de la literatura hablan de esa patria perdida. Hacen vivir las preguntas, nos enseñan a ponernos en el lugar de los demás y tienden puentes entre realidades separadas: el mundo del sueño y el mundo real, el de los vivos y el de los muertos, el de los animales y el de los humanos. Las palabras de la escuela deben seguir esta senda. ¿Cómo podrían ponerse en contacto un maestro o una maestra, que son adultos, con un niño si no es con palabras así?

La educación debe tener un contenido romántico. Se educa al niño para decirle que en este mundo, por muy raro que pueda parecer, es posible la felicidad. Educar es ayudar al niño a encontrar lugares donde vivir, donde encontrarse con los otros y aprender a respetarlos. Lugares, a la vez, de dicha y de compromiso. Donde ser felices y hacernos responsables de algo. Blancanieves huye al bosque, se encuentra con la casa de los enanitos y pasa a ser una más en su pequeña comunidad; Ricitos de Oro, al utilizar los platos, sillas y camas de los osos, se está preguntando sin saberlo por su lugar entre los otros. Una casa hecha para escuchar a los demás y estar pendientes de sus deseos y sueños, donde hacernos cargo incluso de lo que no entendemos, así deberían ser todas las escuelas.

Educar no es pedir al niño que renuncie a sus propios deseos, sino ayudarle a conciliar esos deseos con los deseos de los demás. En un cuento de *Las mil y una noches* dos niños viven felices en su palacio, donde tienen todo lo que pueden desear. Una tarde ayudan a un anciano y éste, en señal de agradecimiento, les habla de un jardín en el que pueden encontrar las cosas más maravillosas. Y los niños, desde que oyen hablar de un lugar así, sólo viven para encontrarlo. Adorno dijo que la filosofía es preguntarnos no tanto por lo que tenemos, sino por aquello que nos falta. Eso mismo debe hacer la educación, incitar al niño a no conformarse, a buscar siempre lo mejor. ¿Para qué le contaríamos cuentos si no tuviéramos la esperanza de que puede encontrar en el mundo un lugar donde los pájaros hablan, los árboles cantan y las fuentes son de oro? Aún más, ¿si no fuera para encontrar también nosotros, los adultos, gracias a los niños, lugares así?

# Lo que esconde un guisante

CUANDO NABOKOV FUE REQUERIDO por sus alumnos para definir las cualidades que debían acompañar al escritor, no dudó a la hora de nombrar la que para él debía ser la primera, y más esencial de todas: la imaginación. Ayudarnos a ver, ésa es la tarea que tienen asignada los escritores, y la imaginación es sin duda la facultad que se los permite. ¿Pero ver qué? Ver lo real, claro, los objetos y las criaturas que pueblan el mundo. ¿Y para eso necesitamos ayuda? Sí, porque esa visión no es algo que se dé automáticamente, sino que debe surgir de un estado de alerta, semejante a aquel en que se encuentra el soldado que durante la noche vela en los cuarteles el sueño de los otros (ese soldado recibe el nombre de *imaginaria*, que es una abreviación de centinela imaginaria, que empezó siendo la que se ponía en los cuarteles de tropa para guardar por la noche un cuarto donde estaban las imágenes religiosas). No te fíes de las apariencias, nos dicen esos guardianes de las imágenes, dando a entender que las cosas son más complejas de lo que parecen a simple vista, y que siempre hay dispuesta una legión de escamoteadores decididos a darnos gato por liebre. Es lo que pasa, por ejemplo, en el cuento de *El traje del emperador*, donde Andersen trazará con mano maestra una crítica tan divertida como contundente acerca de la condición gregaria de los hombres y de su apego a las apariencias. Y nada mejor que este cuento para explicar el sentido último de esa facultad que llamamos imaginación que, al contrario de lo que cabe suponer, no está representada en el cuento por todos aquellos que dicen ver el traje inexistente, sino por el niño, el único que al descubrirlo desnudo lo expresa sin el menor recato. Es decir, por el único que ve de verdad. Gracias a la imaginación niños y adultos aprenden a entrar en contacto con zonas de la realidad que no tomaban en consideración. Debe permitirnos entrar en contacto con esas zonas ocultas, pero también regresar de ellas. El escritor mexicano Juan Rulfo lo expresó con claridad maravillosa:

> A mí me han criticado mucho mis paisanos porque cuento mentiras, porque no hago historia o porque todo lo que platico o escribo —dicen— nunca ha sucedido; y así es. Para mí lo primordial es la imaginación. Pero la imaginación es infinita, no tiene límites, y hay que romper donde se cierra el círculo; hay una puerta, puede haber una puerta de escape, y por esa puerta hay que desembocar, hay que irse.

Todos los personajes de los cuentos de Andersen tratan de encontrar esa puerta, aunque no siempre lo consigan. Porque la imaginación no es para ellos una facultad evasiva, que les permita escapar de la realidad, sino asentarse más profundamente en ella, iluminando zonas de esa realidad y de sí mismos que antes estaban oscurecidas. Ver, en suma, donde antes no lograban ver.

Uno de sus símbolos son las zapatillas rojas. La niña se las pone, incapaz de resistirse a la seducción de su color y su forma, y a partir de ese momento no puede parar de bailar. Hasta un punto tal que sólo cortándose los pies logra poner límite a esa pasión que la devora, la del baile arrebatado e insensato. Y es verdad que este cuento nos advierte que no podemos dejarnos llevar por esas zapatillas, símbolo sin duda del deseo puro, ilimitado, sin correr el riesgo cierto de perdernos en la irrealidad de los sueños; pero también nos dice que la vida que llevamos todos los días, y que tiende a ofrecerse como único modelo de lo posible, no es la verdadera vida. Que hay otra vida oculta, una que se nos escamotea y que hay que tratar de recuperar al precio que sea, pues sólo ella merece la pena.

Los personajes de Andersen suelen ser pequeños inadaptados, seres que no logran vivir en el mundo de todos y que se ven expuestos al rechazo y a los castigos más injustificables, simbolizados por la pérdida de una parte de sí mismos (la niña de *Las zapatillas rojas*, los pies; la sirenita, la facultad del canto, la princesa de *Los cisnes salvajes*, el don de la palabra) como consecuencia de su ser distinto. Es lo que le pasa al patito feo, que se ve obligado a seguir un destino de soledad y abandono, y a vagar interminablemente, a la manera de los grandes héroes trágicos, sin comprender cuál puede ser la causa de ese castigo tan atroz.

Todos los cuentos de Andersen hablan de ese peligro, el de perder el contacto con lo real. Sus personajes suelen ser pequeñas criaturas a las que nadie quiere, porque su verdadera naturaleza está escondida. Pero también doloridas heroínas que, como la niña de *Las zapatillas rojas* o la sirenita, no se conforman con lo que la vida les da y persiguen sueños que nunca verán realizados. Seres imaginativos, hipersensibles, que tienen la enfermedad de una imaginación demasiado despierta, y que corren el riesgo de ser devorados por el movimiento de su propio deseo. Y es aquí donde debemos volver a las palabras de Rulfo acerca de que es necesario encontrar una puerta, una puerta por donde volver. No es infrecuente que los personajes de Andersen fracasen en tal intento, y por eso muchos de ellos terminan de la peor manera. Muere el soldadito de plomo, mueren la sirenita, la niña de los fósforos y el viejo abeto. Mueren porque quieren ser reales, no vivir en ese mundo de impostura y renuncia que es el mundo de todos los adultos; pero también porque, al contrario de lo que ocurre con el niño protagonista de *El traje del emperador*, no logran dar con esa puerta por donde sustraerse a la amenaza de irrealidad que pesa siempre sobre todos los seres imaginativos. El niño que denuncia la impostura sí encuentra esa puerta, y su denuncia es una crítica al gregarismo de los adultos; pero también, y esto suele pasar inadvertido, al concepto mismo de lo real. Pues ¿acaso ese acuerdo entre los aduladores no eleva a la categoría de real un traje inexistente? ¿Qué otra cosa puede querer decirnos Andersen sino que eso que los adultos llaman su vida no es sino una construcción más de su imaginación, pura apariencia en suma, espejo de sus deseos y sus claudicaciones? Denunciarlo, como suelen hacer los niños, es cuestionar ese pacto de silencio con que tantas veces tratamos de perpetuar la trama de nuestros intereses y de nuestras convenciones. Y todos aquellos que tienen un alma soñadora cuestionan la estrechez de esas convenciones, pues su naturaleza es anhelar, y el mundo de los anhelos y de los sueños es un mundo sin límites, abierto a un exterior infinito, siempre en proceso de construcción. Pero ¿por qué habrían de querer encontrar una puerta, abandonar ese mundo de la pura y gozosa subjetividad que es el mundo de sus sueños? Porque esa puerta conduce al reino del amor, que es la gran invención de los seres humanos.

Es eso lo que significa el guisante del célebre cuento de Andersen. El guisante es un *aleph* borgiano. Representa la eclosión de la primavera, el mundo de los gametos, la diseminación de polen, el mundo de los nidos y de los niños pequeños, sobre todo cuando les nacen alitas en la espalda, el mugido de las vacas y el canto de los animales en celo, en cuanto todos forman parte de esa renovación y ese intercambio incesante de noticias y formas que es el mundo de lo natural; el mundo de Pulgarcita y de los hombrecitos que viven en las flores. Pero ese mundo, que se confunde con el de los insectos y el de los animales más menudos, es también el de los muertos. Pues tanto los muertos como las semillas pertenecen al reino de Hades, que es el reino de lo inferior-sencillo. El guisante se confunde con el granito de granada de Proserpina, quien es la hija de Deméter, diosa de los campos y de los ciclos naturales. Hades, fascinado por su hermosura, la secuestra y la lleva a su reino de sombras. Pero Deméter, su madre, acude a Zeus quien exige a Hades que libere a Proserpina. Ya es demasiado tarde, pues Hades le ha dado a probar el granito de una granada, que es la comida de los muertos, y nadie que lo haya hecho puede regresar de su reino. Zeus se ve obligado a encontrar una solución que respete las leyes de los dos mundos: Proserpina dividirá su tiempo entre ambos. Pasará seis meses en el infierno junto a Hades y otros seis, que coincidirán con la llegada de la primavera y la maduración de los frutos durante el verano, con su madre, Deméter.

No es difícil ver en la figura de la princesita del cuento *La princesa y el guisante* a Proserpina regresando con los suyos desde el oscuro reino de lo inferior. Pero ¿cómo saber quién es de verdad? Nada más fácil: enfrentándola a la historia de su desgracia. Por eso esconden un guisante en su cama. El guisante es una representación del granito de granada que ha probado en el infierno, y por eso la princesita, en vez de dormir, se pasa la noche delirando, ya que todos los delirios tienen que ver con la proximidad de la muerte. Eso le dice el guisante: "Estás muerta, no puedes regresar". Pero ella lo hace a pesar de todo. Lo hace porque ha recibido ese don que sólo los más delicados de los mortales reciben de los dioses, el de saber encontrar una puerta por donde regresar. Por eso, cuando finaliza la prueba, hay que esconder el guisante, que termina en el museo del palacio, en una vitrina, advirtiendo sin duda a los que lo visitan del riesgo de haberlo probado. Todos los cuentos de Andersen admiten esta lectura perversa. En *Pulgarcita,* por ejemplo, un grano de cebada se transforma en una niña que, después de múltiples peripecias, regresará al mundo vegetal al que pertenece. Es decir, de nuevo el mito de Proserpina. Pues, bien mirado, Pulgarcita nunca perteneció enteramente al mundo de los hombres, como lo prueba el pequeño jardín que su madre crea para ella encima de la mesa. Vivía en la frontera de los dos mundos, como les suele pasar a todos los personajes de Andersen. No es cierto que fuera raptada, o si lo fue es porque estaba loca y antes o después estaba condenada a transformarse en insecto y a regresar al mundo al que pertenecía, un mundo simbolizado por su encuentro con los hombrecillos alados de las flores, su mundo de estambres finísimos y de esporas y de polen resplandeciente. Eso es estar loco, conservar la memoria de ese mundo anterior. Y eso lo saben todos los niños, a los que subestimamos tratando de ocultar que muerte y vida, como sucede en el mundo natural, son intercambiables.

En Andersen la muerte siempre está presente. Lo está en *La reina de las nieves*, representada por la figura de la Dama Blanca y por su palacio de hielo; lo está en *Pulgarcita* y en su regreso a un mundo prehumano; en *El valiente soldado de plomo*, en *La pequeña cerillera*, en *Los zapatos rojos*, en *El último sueño del viejo roble*, en *El muñeco de nieve*, y hasta en *El patito feo*, pues ¿qué otra cosa puede ser la bandada de cisnes, su mundo de lejanía y perfección, tan opuesto al de las charcas y al de los animales de la granja, sino una representación de la muerte? Y lo está en *Historia de una madre*, que es sin duda el más desolador de los cuentos de Andersen. Narra la lucha de una madre por arrebatar a su hijito de los brazos de la muerte, y de su derrota final, y nadie que lo haya escuchado o leído de niño podrá olvidarlo jamás.

La muerte está presente sobre todo en *La sirenita*, que es sin duda el cuento que mejor resume su mundo, siempre poblado por pequeños seres que sufren lo indecible para sobrevivir, como le pasa a la protagonista de *La pequeña cerillera*, que en las noches heladas del invierno se calienta con el fuego diminuto de las cerillas, abriendo con cada una que enciende las puertas de ese mundo de la imaginación pura en que por fin logra ser feliz, pero, ¡ay!, sólo el tiempo escasísimo que tarda en consumirse la cerilla. Es el esquema de *El patito feo*, el de *El valiente soldado de plomo* y el de *Los cisnes salvajes*; pero también el de *El viejo roble* y hasta el de *El traje del emperador* y el de *La princesa y el guisante*. Los protagonistas son siempre seres inadaptados, diferentes, criaturas que no logran integrarse en esa charca que es el mundo y que tratan por todos los medios de escapar a sus leyes severas. Su actitud implica una crítica a los fundamentos de ese mundo, pero también un desafío que les expondrá a todo tipo de peligros y zozobras. Entre ellos el de ser arrebatados por la locura. Las zapatillas rojas o el abeto y sus adornos de Navidad simbolizan esa locura. Tanto el pequeño árbol como la niña sueñan con otro mundo, quieren otra cosa, y terminan perdiéndolo todo. Incluso *La reina de las nieves* sigue este mismo esquema, y su protagonista masculino también se deja llevar por ese delirio, el de la búsqueda de un lugar situado más allá de la vida. Un lugar que terminará por confundirse con un palacio de hielo, aunque en este caso su amiga, la pequeña Gerda, acuda en su ayuda y logre encontrar para él la puerta que les permite escapar.

Nadie acude en ayuda de la sirenita. Ella se enamora locamente de un ser humano y lo deja todo por seguirlo, deja su mundo de las profundidades marinas, su feliz y vibrante inconsciencia. El esquema se invierte en relación con otros cuentos de Andersen, pues la sirenita es un personaje idealizado, que aunque pertenece al mundo de las leyendas y de las ensoñaciones, lo que quiere es vivir en el mundo de los hombres, dueña de un alma inmortal. Es más, ella sueña con ser una muchacha real: sería un cisne que se enamorara de uno de los animales de la granja. Un cisne que, al regresar de su mundo de remotas migraciones y países sin contorno, se quedará prendado del color rojo de las tejas, de los montones de heno, de los somnolientos rebaños y de las cunetas salpicadas de flores. Como lo harán los cisnes de *Los cisnes salvajes*. Claro que ellos

antes que cisnes fueron príncipes, y su deseo está lastrado
por la añoranza de esa existencia anterior que llevaron en
el tiempo feliz en que fueron humanos. Su hermana teje
para cada uno de ellos una camisa que en el último momento les devuelve su verdadera apariencia. Pero una de
esas camisas queda incompleta y hay uno, el más pequeño
de todos, que al ponérsela no consigue integrarse plena-
mente a su ser anterior. Es eso lo que simboliza su ala. Ana
María Matute vio en él un símbolo del propio Andersen,
alguien que tenía que convivir con esas dos naturalezas,
que vivía en esa zona intermedia entre la realidad y los
sueños. A esa zona de la frontera pertenecen también todos los personajes de sus cuentos. De vez en cuando entre
ambos mundos se producen comunicaciones, no siempre
venturosas. Pasan objetos, palabras y hasta criaturas completas, aunque lo normal es que sean objetos minúsculos
o restos fragmentarios de otros cuerpos, esquirlas de un
mundo roto. Las zapatillas rojas son uno de esos restos,
pero también el espejo que rompen los trolls en *La reina
de las nieves*, uno de cuyos fragmentos al introducirse en
el ojo de Kay lo vuelve egoísta y taimado. Nuestro mundo está lleno de restos así y, como pasa con el guisante
del cuento, hay que andarse con cuidado cuando los encontramos. No sólo nuestro mundo, sino nuestro propio
cuerpo, son restos antiguos, pero aún activos, de esas exis-
tencias olvidadas. Nuestro corazón podría ser un de ellos.
Se parece al ala de cisne y es un órgano híbrido, a caballo
entre los dos mundos. Por eso la sirenita es puro corazón.
De hecho, apenas puede con él. Le pesa tanto que los pies
le sangran al tener que cargarlo; le llena el pecho de tal
manera que no puede hablar ni cantar. En realidad, se está

muriendo. Todos los personajes de Andersen se están muriendo. Quieren ser reales, y tienen que pasar por pruebas terribles, seguir caminos extraños para lograrlo. Se parecen a todos los amantes, porque su sola búsqueda es el amor. ¿Recuerdan? Había que buscar una puerta. Esa puerta sólo es el amor quien nos la revela. Ésa es su verdadera fuerza. Gracias a esa fuerza, que se confunde con la de la imaginación, los cisnes logran regresar de su destino terrible; pero también el soldado de plomo y la bailarina, fundirse en un único abrazo; o el emperador de China, volver a escuchar el canto del ruiseñor real. No el mecánico, sino el verdadero, aquel cuyo canto, que habla de lo bueno y de lo malo, de la alegría y de la tristeza, no distingue a los emperadores de los campesinos y pescadores. Únicamente la sirenita se queda sola, sólo ella se queda en el umbral de esa puerta, aguardando lo que no podemos darle pues no sabemos lo que es.

Perrault habla de amor y pedagogía; los hermanos Grimm, de la siempre esquiva y compleja felicidad, y de cómo aprender a vivir en medio de las contradicciones; Andersen, de las enfermedades de la imaginación. Tendemos a ignorar su mensaje, que en el fondo no es otro que éste: el mundo no es un buen lugar para vivir. Andersen llevó a la perfección el mundo de los cuentos, también los hizo imposibles, como lo demuestra su cuento *Historia de una madre*, con la aceptación de la muerte. Probablemente nadie debería escribir cuentos después de él, aunque sin duda todos los que siguen escribiéndolos recibirían su apoyo, pues ¿qué otra cosa podemos hacer si los niños siguen naciendo?

Los cuentos sólo existen para burlar a la muerte. Es lo que sucede en el bello apólogo de *El caracol y la rosa*. El caracol representa lo cerrado; el rosal, la imposibilidad de guardarse. No puede permanecer enteramente dentro de sí y, al contrario que el caracol, se proyecta en las rosas; dirá el rosal:

Las hojas se caen y se las lleva el viento, pero a una de las rosas la he visto en el misal de la señora, otra fue colocada en el pecho de una preciosa jovencita y una más recibió el beso de unos labios infantiles exultantes de felicidad. ¡Esos son mis recuerdos, mi vida!

Todos los personajes de los cuentos, pertenecen al mundo de las rosas. Tampoco ellos pueden guardarse, tampoco ellos pueden vivir dentro de sí. La imaginación es la fuerza que los lleva fuera, que los hace diseminarse y entrar en contacto con todo cuanto existe. Porque la imaginación no es esa fuerza que nos permite sustituir las cosas, sino acercarnos a ellas. También eso estaba guardado en el guisante. Por eso en la casas de todos los que se aman suele haber uno, como con frecuencia lo hay en las habitaciones de los niños, sobre todo cuando empiezan a crecer. Se lo encuentran por la mañana cuando se levantan, y suelen desayunar con él sobre la mesa. Les recuerda que no basta con tenerse a sí mismos y que su misión en la tierra es mantener abierta la puerta que comunica el mundo de los sueños con el de las cosas reales. Como ves, no era poco lo que el guisante escondía dentro de sí, y la princesita tenía sobradas razones para no poder dormir. No, no era ninguna remilgada, habría probado los frutos del jardín de la irrealidad y conocía su fuerza. Pero ella, como la sirenita, quería tener un alma inmortal. Y esa alma sólo el amor puede dárnosla.

# La voz de las cosas

"TODO EMPEZÓ COMO DE COSTUMBRE por problemas familiares." Así comienza la Rata Vagabunda su relato. Acaba de encontrarse con la Rata de Agua, otro de los protagonistas de *El viento y los sauces*, y se pone a hablarle de ese mundo de viajes incesantes que ha sido su agitada vida. Y la Rata de Agua la escucha sin pestañear. En realidad no sabe qué le pasa esos días. No puede quedarse quieta en ningún lugar y vaga por los senderos del bosque sin saber a dónde dirigirse ni lo que quiere realmente. Es más, cuando mira las cosas familiares, algo le hace preguntarse qué hay en ese espacio que se abre lejos de lo que conoce. ¿Y si fuera hacia allí? Ni el Topo, ni el Tejón, sus grandes amigos, saben nada de ese mundo. Ellos se encuentran a gusto en La Orilla, su pequeño mundo. Un mundo tranquilo y de placeres simples, que parece flotar fuera del tiempo. Pero la Rata Vagabunda no vive en un mundo así. Ella, como las golondrinas que esos días alborotan el bosque, y cuya vida es un constante ir y venir de unas tierras a otras, ha escuchado la llamada del sur, esa llamada que hace que sólo importe "lo no visto"; y que lo desconocido sea "la única cosa importante de la vida". Es esa llamada la que le ha hecho abandonar Constantinopla, su ciudad, y embarcarse en un pequeño barco mercante que la ha llevado a las islas griegas y, "siguiendo un camino de oro", hasta la ciudad de Venecia.

La Rata de Agua queda sinceramente afectada por el relato de esas aventuras, y su amigo el Topo se ocupa de ella con la paciencia y la solicitud con que tratamos a un niño aquejado por una enfermedad pasajera. Es posible que todos los animales de La Orilla y el Bosque hayan sentido más de una vez el anhelo de buscar esos otros mundos de los que hablan las golondrinas y los animales viajeros, pero el Topo sabe bien que bastan unos pocos días y la ayuda de una amable conversación para que las cosas vuelvan a ser como eran.

Éste es el mundo en el que transcurren las plácidas aventuras de los personajes de *El viento en los sauces*: el Topo, la Rata de Agua, el Tejón y el Sapo. Será precisamente este último el que más problemas causará a sus amigos por su desmedida afición a la velocidad y a los artilugios modernos. De hecho, el robo de un automóvil y todas las aventuras que correrá a partir de ese robo, darán lugar a las páginas más divertidas del libro. Unas aventuras que, sin embargo, terminarán sin demasiados problemas, ya que el Sapo es un personaje sencillo y de buen corazón en el que no hay un deseo real de ruptura, sino apenas ese afán de experimentación y novedad que en todas las comunidades lleva a los individuos más jóvenes a poner a prueba la paciencia de sus mayores. Y que además está dispuesto a aceptar sin problemas los sermones de sus amigos.

La vida de los personajes de *El viento y los sauces* discurre como una plácida excursión dominical. El hecho de que sean animales le permite a Kenneth Grahame crear un mundo en que no importa la edad ni la biografía, en el que no hay pasado ni futuro. Sus personajes viven en una Arcadia feliz, sin problemas familiares o económicos. En un mundo en el que esa dicotomía entre vida hogareña y aventura, entre el norte gris y el sur lleno de inciertos caminos de oro, tampoco tiene demasiada importancia. De hecho, ¿por qué habrían de sentir ese anhelo por lo desconocido, por una vida distinta de la que llevan, si se encuentran a gusto con lo que tienen y son? Ni el Topo ni la Rata de Agua echan de menos nada esencial, lo que hará que el relato de la Vagabunda, por más sugerente que pueda resultarles, no tenga capacidad para cuestionar la existencia apacible y sedentaria que han elegido vivir. Entre otras cosas porque ellos no tienen esos problemas sentimentales a los que se refiere la Rata Viajera, y que son la causa de su fuga.

No pueden tenerlos porque, bien mirado, no tienen familia. Ésta es una de las características curiosas de este libro infantil: que ninguno de sus personajes comparte realmente su vida con nadie. Tampoco tienen nada importante que hacer: reman, escriben versos, se reúnen para comer y viven bajo un código social, muy victoriano, que considera de mal gusto exponer en público los problemas personales. No se puede hablar, por ejemplo, de los depredadores, ni de la desaparición repentina de un amigo, ni de los problemas venideros.

Pero este mundo tan poco "natural" tiene muy poco que ver con el mundo en el que vivió su autor. La vida de Kenneth Grahame, como la de la Rata Vagabunda, siempre estuvo llena de problemas de todo tipo. La muerte prematura de la madre, el alcoholismo del padre, que termina abandonándolos; su infancia presidida por una educación rígida y poco afectuosa en casa de su abuela, y el que, más tarde, tenga que abandonar los estudios clásicos que tanto amaba para trabajar en un banco, hacen de él un joven temeroso y melancólico que para sobrevivir se ve obligado a renunciar demasiado pronto a sus sueños. Y cuando por fin forma una familia tampoco es lo que hubiera querido. No se lleva bien con su mujer, y el nacimiento de su único hijo lo hace aún más desdichado, pues fue siempre un niño lleno de problemas. Era ciego de un ojo y su estrabismo y numerosos tics nerviosos lo transformaron en un ser sobreprotegido e inestable, que parecía haber nacido con las semillas de la infelicidad. De hecho, nunca llegó a integrarse en el mundo social o laboral, y acabó arrollado por un tren, en circunstancias poco claras, cuando acababa de cumplir veinte años. Sin embargo, *El viento en los sauces* fue escrito para él, como si ya desde el primer momento Kenneth Grahame hubiera intuido lo difícil que iba a ser esa vida, lo difícil que es toda vida, y tratara de crear para él algo parecido a un refugio.

Eso son los cuentos, una casa de palabras que los padres levantan para que sus hijos se sientan protegidos, un conjuro frente a las amenazas de la vida y el tiempo. Kenneth Grahame concibió su libro cuando su hijo tenía cuatro años de edad. Una noche, para conseguir que se durmiera, empieza a contarle una serie de cuentos cuyos protagonistas son el Topo, la Rata de Agua y una jirafa que luego desaparece, dejando espacio para el Sapo, las nutrias y el Tejón. Más tarde desarrolla estos cuentos en una serie de cartas que escribe a su hijo desde Londres, en las que narra las aventuras del Sapo, y que pasarán a formar parte de los capítulos del libro. Son años de crisis. Abandona el banco en el que trabaja, tiene problemas económicos, la convivencia con su mujer es cada vez más difícil.

Kenneth Grahame se sentía profundamente desgraciado, pero escribió un cuento en que apenas hay sombra alguna de infelicidad. El mundo de La orilla —donde viven el Sapo, el Tejón y la Rata de Agua— es un mundo armonioso, con pequeños conflictos que casi siempre tienen una rápida y serena solución. No hay traumas, no hay renuncias, habla de una vida sin sombras ni grandes amenazas, donde todo está en su sitio y cada cosa y cada criatura obedecen a la ley de su naturaleza. Estamos lejos del mundo tantas veces sombrío y lleno de conflictos de los grandes libros infantiles. Pensemos en dos libros casi contemporáneos, también de escritores ingleses: *Alicia en el País de las Maravillas* y *Peter Pan*. El primero se publica en 1865 y el segundo en 1904, y sus autores son herederos, como el propio Kenneth Grahame, de la tradición victoriana. Estos libros no pueden ser más distintos de *El viento en los sauces*. *Alicia en el País de las Maravillas* habla de la angustia infantil y de la extrañeza profunda del mundo; y *Peter Pan* es una de las fábulas más amargas que se han escrito sobre la infancia como paraíso que hay que abandonar. Ambos son libros oscuros y melancólicos, que al tiempo que nos divierten llenan nuestro corazón de congoja.

Nada de esto hay en *El viento en los sauces*, que no es sino una hermosa pastoral. Un regreso a ese mundo de la Arcadia feliz, donde todo tiene su sitio y las conversaciones a la orilla del río se confunden con el murmullo del agua que corre. Un libro escrito en una prosa dúctil y sencilla, que nos dice que las actividades más puras, sutiles y elevadas no deben sucumbir a la furia o a la insensatez. Octavio Paz dijo que la poesía vuelve habitable el mundo, y se diría que Kenneth Grahame se sirve de este grupito de animales discretos y amables para llevar a cabo una nueva colonización del mundo. Su mensaje es que son necesarios los héroes sensatos y prudentes para recuperar nuestra alma. "Seré valeroso, tendré fe, seré razonable, mantendré mi palabra", ésas son sus cualidades. Así son los personajes de este libro encantador, seres débiles, como todos nosotros, que se sondean a sí mismos y que no han perdido la capacidad de habitar poéticamente el mundo, ni de mantener un diálogo misterioso y secreto con sus criaturas. De hecho, el episodio más enigmático del libro tiene que ver con ese diálogo. Nuestros amigos se internan en el bosque y asisten a un momento mágico que tiene que ver con la presencia del dios Pan. Tan intenso es lo que llegan a vivir, que ese mismo dios les ofrecerá el don del olvido, para que a su regreso puedan integrarse a su vida ordinaria. Pero esa vida ya no será la misma. A esas alturas habremos descubierto con ellos que el mundo de La orilla no es lo que parece, pues oculta un secreto. Algo que tiene que ver con lo que han vivido en el corazón del bosque. Esa experiencia cambiará el sentido del libro. Ya no estamos en compañía de unos buenos burgueses, sino de unos discretos poetas que se aferran a una realidad más honda que les envía señales. El libro de Kenneth Grahame nos mantiene en contacto con las profundidades de donde surgen esas "impresiones verdaderas" de las que hablaba Proust. Nos enseña que es preciso estar atento a "la voz de las cosas", y enfrentarnos con optimismo a nuestras dificultades. Ésta es su enseñanza: que es posible una comunicación entre los seres y, a través de ella, una relación entre el lenguaje, el pensamiento y el mundo. Kenneth Grahame transformó su desgraciada vida en un precioso canto a la generosidad y la armonía con las otras criaturas. Pudo haber suscrito estas palabras de Borges:

Todo escritor, todo hombre debe ver en lo que le sucede, incluido el fracaso, la humillación y la desgracia, un material para su arte del que debe sacar provecho. Estas cosas nos han sido dadas para que las transformemos, para que de las miserables circunstancias de nuestra vida hagamos cosas eternas o que aspiran a serlo.

Y ésa es la máxima virtud de este libro, demostrarnos que ese bien al que tratamos de aferrarnos con tanta tenacidad frente al insidioso mal que nos rodea no es una ilusión, sino una conquista de nuestra atención y de nuestra paciencia.

# El pueblo de las almas perdidas

CUENTA GERALD BRENAN, en su biografía de san Juan de la Cruz, una anécdota de sus conversaciones con las monjas durante el tiempo en que fue confesor en uno de sus conventos. Una de ellas, llamada Catalina, que hacía de cocinera, le preguntó ingenuamente por qué cuando pasaba junto al estanque del jardín, las ranas que estaban sentadas en el borde se zambullían en el agua y se ocultaban. San Juan le replicó sonriendo que ése era el lugar en que se sentían más seguras. Tan sólo allí podían defenderse y estar a salvo. Y así debía hacer también ella: huir de las criaturas y zambullirse en ese centro, que era Dios, escondiéndose en él.

Muchos años después, en una carta a la priora, san Juan le envió a la monja cocinera el siguiente mensaje: "Y a nuestra hermana Catalina, que se esconda y vaya a lo más hondo". En el pensamiento místico, esa búsqueda del vacío conlleva la promesa de una unión, de un encuentro con otra realidad. El vacío no se confunde con la nada. Es un umbral y puede ser tocado por la gracia, convertirse en el tránsito hacia una realidad más plena.

Los japoneses, expertos en tales artes de la invisibilidad, tienen una costumbre que consiste en marcar la presencia simbólica del vacío en la casa mediante un minúsculo hueco abierto en la pared. Ese hueco es el *tokonoma,* y puede hacerse con una uña. Basta con raspar un poco la cal de la pared, el borde de una taza de café, y reducirse hasta caber en él. Los elfos, las hadas, los duendes y demás criaturas que pueblan los cuentos populares pertenecen a ese mundo del pequeño rasguño, del pabellón del vacío. Viven en los rincones de las casas, debajo de las piedras, en las grutas más hondas o en la profundidad de los lagos. Allí donde el ojo humano no suele llegar ni su razón tiene poder alguno. Separados de los hombres y manteniendo una difícil relación con ellos, estas criaturas representan las fuerzas de la naturaleza, los misterios del nacimiento y la muerte, los vuelcos del amor y los pliegues del corazón humano. Su mundo es el mundo del *tokonoma*, ese reverso donde, según nos enseñó José Lezama Lima, podemos recobrar nuestro cuerpo "nadando en una playa, / rodeado de bachilleres con estandartes de nieve, / de matemáticos y de jugadores de pelota / describiendo un helado de mamey".

Esos versos son de "El pabellón del vacío", el poema que Lezama Lima escribiera pocos días antes de morir. Toda la poesía del escritor cubano se resume en este poema estremecedor. ¿Pero el poeta no es ya, y por el hecho de serlo, alguien que viene de la muerte? "Estoy vivo como si estuviera muerto", escribió Lezama. Y está hablando de sí mismo, pero también de san Juan pidiendo a las monjas que huyeran de la mirada de todos, o de esos campesinos irlandeses que en sus paseos se encuentran con envidiable naturalidad con elfos, hadas o con alguna de las criaturas que habitan el reverso del mundo. En ese instante los ojos de los vivos y de los muertos coinciden y la mirada del hombre adquiere un doble poder: el poder órfico, cuya virtud consiste en *acercar lo lejano y alejar lo cercano*; y el icárico, que consiste en arder.

Todas las criaturas que pueblan el mundo de los cuentos maravillosos tienen ese doble poder, y no creo que estemos en condiciones de prescindir de ellas con la ligereza con que lo hacemos. Detengámonos en tres de esas criaturas olvidadas: las hadas, los unicornios y los duendes. Una antigua leyenda relaciona el origen de las primeras con los ángeles caídos. Luzbel se rebeló contra Dios y, deseoso de fundar su propio reino, abandonó el cielo dejando tras él un rastro luminoso de tan indescriptible belleza que muchos ángeles lo siguieron. Descendió del cielo e hizo del infierno su reino, pero los ángeles no dejaban de seguirlo y, como el cielo se estaba vaciando, Dios intervino haciendo que las puertas del cielo y las del infierno se cerraran bruscamente. En medio quedaron un montón de ángeles que como no tenían adónde ir se refugiaron en las cavidades de la tierra, como quienes saben que no van a ser bien recibidos. Y así se constituyó la estirpe de las hadas. Son muchas las cosas que se cuentan de ellas. Por ejemplo, que les encanta la miel y que, aprovechándose de sus hermosos cuerpos y esbeltas figuras, suelen embaucar a los hombres para luego convertirlos en esclavos y satisfacer sus más variados deseos. Y que poseen un extraño tabú: no soportan la sal.

El unicornio es un animal semejante a un caballo, aunque con un cuerno en forma de espiral situado en medio de la frente. Su vista es muy aguda y puede ver lo que ninguna otra criatura. Carece de morada fija y vaga por el bosque recordando siempre que es mensajero de una tierra extranjera. Para capturarlo se emplea a una doncella. El unicornio corre a su lado y se queda plácidamente dormido sobre su falda, momento en que los cazadores lo capturan, mientras el corazón de la doncella queda trastornado para siempre a causa de esa traición.

Los duendes son seres sobrenaturales, sin alma y de pequeño tamaño, variable entre los treinta centímetros y el metro. Poseen un carácter extremadamente burlón y tienen habilidades como mimetizarse, imitar los sonidos de los animales y hacerse sentir, tocando a un ser humano con sus manos produciéndole un escalofrío. Según la mitología islandesa, su origen se remonta a Eva, la primera mujer creada por Dios. Eva se encontraba un día bañando a sus hijos en el río cuando Dios le habló. En su miedo, escondió a los niños a los que aún no había bañado. Dios le preguntó si todos sus hijos se hallaban presentes, y Eva contestó que sí. Al ver que Eva mentía, Dios le dijo que, en castigo, esos niños permanecerían escondidos eternamente para el resto de los hombres del mundo.

"Instalarse en la casa en lugar de admirarla y ponerle guirnaldas", escribió Kafka. Los cuentos hablan de un tiempo en que el mundo, cada árbol, cada piedra, tenía una presencia tan singular como indescifrable. Un mundo habitado, sí, pero también abierto y ajeno. W. B. Yeats lo explicó con estas palabras:

Toda la naturaleza está llena de gente invisible. Algunos de ellos son feos y grotescos; otros, malintencionados o traviesos; muchos, tan hermosos como nadie haya jamás soñado, y los hermosos no andan lejos de nosotros cuando caminamos por lugares espléndidos y en calma". *Como nadie haya jamás soñado.*

Pero ¿cómo podemos imaginar lo que nunca se vio ni pudo, por tanto, soñarse? Tenemos, como quería Kafka, que instalarnos en el corazón de las cosas. Pero, ¡ojo!, "esconderse allí es temblar, / los cuernos de los cazadores resuenan / en el bosque congelado. / Pero el vacío es calmoso, / lo podemos atraer con un hilo / e inaugurarlo en la insignificancia.

Las palabras y las criaturas de los cuentos son ese hilo. Nos prometen la compañía insuperable, la conversación en una gruta del bosque, el juego en el río con los seres de las corrientes, el encuentro con los elfos de la luz, que son las criaturas más delicadas que existen. Reivindican, como los personajes de Kafka, "el gesto pueril en medio del bosque helado". Son los descendientes de aquellos niños a quienes Eva escondió de la mirada de Dios: un pueblo perdido que siguiera buscando en el mundo un lugar donde quedarse. Les gusta estar a nuestro lado y asistir a nuestras locuras, como si guardáramos algo precioso que somos los primeros en desconocer. De ese pueblo de almas perdidas hablan todos los cuentos que existen. Pobre del que no se detenga a escucharlos.

# Instrucciones para enseñar
## a leer a un niño

CONVIENE EMPEZAR CUANTO ANTES, de ser posible en la habitación misma de la maternidad. Es aconsejable que desde la cuna el futuro lector esté rodeado de palabras. No importa que en esos primeros momentos no las pueda entender, basta con que formen parte de ese mundo de onomatopeyas, exclamaciones y susurros que construye con su madre y que tiene que ver con la dicha. Poco a poco irá descubriendo que las palabras, como el canto de los pájaros o las llamadas de celo de los animales, no son sólo manifestación de existencia sino que nos ayudan a relacionarnos con lo ausente. Así, muy pronto, si su madre no está a su lado echará mano de ellas para recuperarla, o si vive en un pueblo rodeado de montañas les pedirá que le digan cómo es el mundo que le aguarda más allá de esas montañas y del que no sabe nada.

Por eso los adultos deben contarle cuentos y, sobre todo, leérselos. Es importante que el futuro lector aprenda a relacionar desde el principio el mundo de la oralidad y el de la escritura, que descubra que la escritura es la memoria de las palabras, y que los libros son algo así como esas despensas donde se guarda todo cuanto de gustoso e indefinible hay a nuestro alrededor, ese lugar al que uno puede acudir por las noches, mientras todos duermen, a tomar lo que necesita. A estas alturas habrá hecho un descubrimiento esencial: que existen palabras del día y palabras de la noche. Las palabras del día tienen que ver con lo que somos, con nuestra razón, nuestras obligaciones y nuestra respetabilidad; las de la noche, con la intimidad, con el mundo de nuestros deseos y nuestros sueños. Y ése es un mundo que necesariamente se relaciona con el secreto. Por eso, el adulto no debe hablar demasiado de los libros al niño, ni abrumarlo con consejos acerca de lo importante que es leer, porque entonces éste desconfiará. La madre que guarda en la despensa los dulces que acaba de preparar no lo proclama a los cuatro vientos, y así los vuelve más codiciables. Las palabras de la literatura tienen que ver con ese silencio, con lo que se guarda y tal vez hay que robar, nunca con lo que nos ofrecen a gritos, y mucho menos a la luz del día, donde todos puedan vernos. El futuro lector, en suma, debe ver libros a su alrededor, saber que están ahí y que puede leerlos, pero nunca sentir que es eso precisamente lo que todos esperan que haga. Sería aconsejable, si me apuran, que los padres no los tuvieran demasiado a la vista, sino que los guardaran dentro de grandes armarios, que de ser posible mantuvieran cerrados con llave. Aunque de vez en cuando se olvidaran de esa llave, o de cerrar esos armarios, dándole al niño la opción de llevarse los libros cuando nadie lo viera. Pero lo más importante es que el niño vea a sus padres leer. Discretamente, sin ostentación, pero de una forma arrebatada y absurda. El rubor en las mejillas de una madre joven, mientras permanece absorta en el libro que tiene delante, es la mejor iniciación al mundo de la lectura que puede ofrecer a su niño

Pero los libros son como aquel jardín secreto del que hablara F. H. Burnett en su célebre novela homónima: no basta con saber que están ahí, sino que hay que encontrar la puerta que nos permite entrar en su interior. Y la llave que abre esa puerta nos tiene que ser entregada azarosamente por alguien. En la novela de F. H. Burnett es un petirrojo el que lo hace, y gracias a ello la niña puede visitar el jardín escondido. El que ese petirrojo tarde en presentarse no quiere decir que no vaya a hacerlo nunca, pero incluso si así fuera tampoco se alarme demasiado, ni por supuesto llegue a pensar que su hijito es un caso perdido. Piense que la lectura no siempre nos hace más sabios, ni más inteligentes, ni siquiera mejores o más compasivos, y que bien pudiera ser que ese niño al que adora fuera como los bosquimanos, que tampoco leyeron una sola línea y eso no les impidió concebir algunos de los cuentos más hermosos que se han escuchado jamás. No olvide, en definitiva, que el cuento más necesario, y por el que seremos juzgados, es el que contamos sin darnos cuenta con nuestra vida.

# Las preguntas del arca

LA FICCIÓN AUTÉNTICA NUNCA es gratuita. Habla de nuestro corazón y le da palabras para que hable. Un cuento como *El patito feo* habla de la soledad del niño y del temor a ser rechazado. Un drama como *Romeo y Julieta*, de lo esquiva que puede ser la felicidad; y *Peter Pan*, de que hay que saber crecer, pero también conservar vivo nuestro corazón de niños. La literatura es el lugar donde se plantean las preguntas: por qué nacemos, qué es el amor, la traición, por qué existe la enfermedad y el dolor, por qué tenemos que morir. Los niños necesitan cuentos, poemas, canciones. Las necesitan para enfrentarse a la angustia, para crecer y entender el mundo que les rodea, pero, sobre todo, para vivir su propia verdad.

Todas las historias que existen fueron concebidas para responder a tres preguntas esenciales: la pregunta por el propio ser, la pregunta por el ser del otro y la pregunta por el ser del mundo. Pensemos en tres personajes de cuento: la Cenicienta, Psique y Noé. La de Cenicienta es la pregunta por la identidad. Vive entre las cenizas, marginada por su madrastra y sus hermanas, pero ella sabe que hay otra escondida dentro de ella, otra que sólo aguarda su momento para aparecer. Psique, por su parte, no parece tan preocupada por sí misma como por quién pueda ser aquel con quien se encuentra cada noche en la cueva. Se trata de Eros, el oscuro dios del deseo. Eros acepta reunirse con ella, pero le prohíbe que trate de descubrir su secreto. Psique, sin embargo, vivirá sólo para desvelarlo. Su pregunta no se dirige hacia sí misma, sino hacia

149

el ser del otro. Por eso enciende su lámpara. No se conforma con la oscuridad, con ese encuentro en la noche, sino que quiere ver a su amado a la luz de esa vela. Esa luz, la pequeña llama encendida, es la que portan todos los enamorados. Todos se detienen ante el cuerpo amado que duerme y lo contemplan a escondidas. ¿Quién eres?, preguntan sus lámparas. Contestar esa pregunta es el compromiso del amor. ¿Y Noé? Noé no sufre ni los sofocos de la identidad ni los desvelos de los amantes. Es un hombre común, sin importancia, cuya vida se confunde con la de sus vecinos. Pero recibe un extraño encargo: construir un arca donde debe reunir animales y semillas. Dios le anuncia la inmediata destrucción del mundo, y Noé debe asegurar la continuidad de la vida. El arca es el lugar natural donde se formula esa tercera pregunta de la que antes hablamos, sin la que los cuentos no podrían existir. Por qué Dios creó los ríos, los prados, el ámbar, los caballos, el vino, la nieve, los campos llenos de girasoles, la perfección del guisante...

Los personajes malvados de los cuentos hablan del lado oscuro de la naturaleza y de la muerte, del mundo de lo ignoto. Monstruos, ogros, animales feroces simbolizan en los cuentos el mundo confuso de los problemas sexuales o mentales, pero también el reino de las emociones, con toda su inestabilidad. La pelea contra el monstruo es la pelea entre las fuerzas de la luz y las de la oscuridad, del cosmos y el caos, de los mitos de la creación: la pelea de san Jorge con el dragón.

El héroe es el que pregunta, el que no se conforma, el que quiere saber: el que habla y, sobre todo, hace hablar. El monstruo, por el contrario, es la opacidad, el que responde con la muerte. El que dice "Nunca más", como el cuervo de Poe: nunca volverás a ser tú, nunca volverás a ver a los que amas, nunca regresarás a tu hogar.

Hay tres tipos de monstruos: el afligido, el perverso y el tenebroso. El monstruo afligido ha olvidado quién es, como la criatura doliente de *La bella y la bestia*. El monstruo perverso niega la existencia del amor, como hace la madrastra de *Blancanieves*. El monstruo tenebroso, la posibilidad de un hogar, como el lobo en *Caperucita roja*.

En los cuentos, olvidar es siempre signo de muerte. Este tema aparece en los cuentos cuando el héroe o la heroína se desentienden de sus obligaciones. La Bella olvida a la Bestia; en algunas versiones de *La bella durmiente*, el príncipe oculta su boda y cuando la madre lo descubre, trata de matar a ella y a sus dos hijos. En cierta forma, el sueño de la bella durmiente es el olvido de sí misma. Los monstruos afligidos anhelan la proximidad de los hombres, y son malos porque son desgraciados, como la criatura del doctor Frankenstein. A veces son monstruos a causa de un encantamiento o un hechizo: la Bestia o Lady Ragnell, del ciclo artúrico. Las historias de la Bestia o la Dama Abominable nos enseñan que no se debe juzgar por las apariencias y que hay que superar el miedo. Hablan del poder del amor.

Para los monstruos perversos el otro no existe. Es lo que le pasa a Mr. Hyde, para quien el otro no es un igual sino un simple instrumento para conseguir sus deseos. Los monstruos perversos representan los vicios y las bajas pasiones de los hombres, como la madrastra y las hermanastras de la Cenicienta, o el hada que no es invitada al bautizo en *La bella durmiente*. Su fealdad es ante todo moral.

Los monstruos tenebrosos representan el caos, las fuerzas oscuras de la vida. Representan el desorden y la muerte, como el lobo de *Caperucita roja*, el ogro de *Pulgarcito*, la bruja de *Hansel y Gretel* o el ogro de *Las habichuelas mágicas*. La lucha del héroe contra estos monstruos es el regreso al útero, donde el yo tiene que ser recreado y desde el que emerge de nuevo, renaciendo a la luz. Es un lugar de pruebas y de iniciación. El alma entra en el reino de la muerte para encontrar el significado de la vida y para descubrir su propia profundidad y altura.

Los tres monstruos son emisarios de la muerte. El afligido representa la muerte del yo, porque ha olvidado; el perverso, la muerte del otro, que no cuenta para él; el tenebroso, la destrucción del mundo. El monstruo nos dice que no hay salvación, que vivir es estar condenado; el héroe, que es posible burlar a la muerte y encontrar un hogar en este mundo.

Los cuentos nos piden que nos acerquemos a los monstruos, pues la gruta en que viven es nuestro propio corazón. Los monstruos son lo escondido, todo lo que desconocemos de nosotros mismos. El héroe va en su busca. Lleva una mecha en las manos, como quería Walter Benjamin, para que el monstruo prenda en ella la llama de una historia. Es lo que hace Bella. Todos los monstruos esperan sin saberlo, como la Bestia, la llegada de alguien de corazón puro que vaya a salvarlos. "Quizá todos los dragones de nuestra vida —escribe Rilke— son princesas que sólo esperan vernos una vez bellos y valientes. Quizá todo lo terrible no sea, en lo más hondo de su fundamento, más que lo desvalido que nos pide ayuda."

La literatura es el trabajo de Noé en el arca: una empresa de salvación. Se pregunta por el ser del mundo y por la misión que nos toca cumplir en él.

# Noche de Reyes

En 2001, en un viaje en tren con mi hermana María, escribe Martín Casariego, estuvimos hablando sobre los Reyes Magos, sobre esa increíble conspiración en la que todos —sin excepción, medios de comunicación incluidos— participamos, y cuyo fin es que los niños crean en su existencia real. Los cambios en la edad, por supuesto, son graduales, pero ¿qué mejor frontera que el día en el que te dicen la verdad sobre los Reyes, para marcar el inicio del fin de la infancia?

Tiene razón Casariego al hablar de la increíble conspiración que reina en torno a los Reyes Magos. Los niños se encuentran una mañana de enero sus cuartos llenos de juguetes, y sus padres les dicen que los responsables son tres personajes misteriosos que tienen la rara afición de visitarlos a escondidas una vez al año para cubrirlos de regalos. Una ocurrencia cuanto menos extraña, pues un regalo suele ser un gesto de reconocimiento, pero también de poder. "Al aceptar mi regalo eres mío", es la inquietante advertencia que contienen todos los regalos. La pregunta, entonces, es por qué los adultos se escudan en unos seres del mundo de la ficción para atentar contra esa ley esencial del regalo que es dejar clara la identidad de quien lo da y poner la marca de no disponible sobre quien lo recibe. Aún más, por qué en un mundo tan práctico, utilitario y racionalista como el nuestro pervive una costumbre así y estos remotos seres siguen llegando puntualmente para celebrar con su gozosa atención la presencia de los niños en el mundo. Una atención hecha a imagen y semejanza de la que dedican todos los padres a sus hijos pequeños, porque, bien mirado, al poner a escondidas los juguetes en sus cuartos, los padres no hacen nada que no hagan cada noche cuando los acompañan a la cama y, olvidando sus obligaciones, el mundo sensato en el que deben moverse, les hablan de dragones, de alfombras voladoras, de mundos detenidos en el interior de los lagos, de muchachas que tejen camisas de ortigas y de pájaros de oro. Es decir, les hablan como si contagiados por su hermosura hubieran perdido literalmente la razón. Porque el mundo de los cuentos es ese mundo que sólo puede encontrarse cuando perdemos la razón. Aunque si necesitamos hacer algo así no es para caer en el mundo atroz de la locura, sino para salir de él, pues tal vez la peor de las locuras, como dijo Chesterton, es la de aquellos que lo han perdido todo menos la razón.

Franz Kafka tiene un relato en el que un pobre hombre, desesperado por el frío que está pasando, se monta sobre un cubo vacío y sale volando en dirección a la casa del carbonero. Pero, al verlo llegar por los aires, la mujer del carbonero lo espanta con su mandil. Nuestra razón es como esa mujer que agita decidida su mandil. Pone las cosas en su sitio, y nos devuelve la cordura, pero nada sabe de la loca esperanza que nos llevó a confundir el cubo con un caballo ni de la alegría inexplicable que sentimos al volar con él en la noche. Y las historias que contamos a los niños están para decirles que ese vuelo y esa alegría son posibles. Ése y no otro es el verdadero significado de la Noche de Reyes. Una noche donde lo que importa de verdad no son tanto los juguetes que los padres dan a sus hijos, sino el hecho de que lo hagan al amparo de un mito. Porque lo que les estamos regalando, al hacerles creer que son los Reyes Magos quienes se los dan, es el don más maravilloso que puede hacerse a un niño, el don de una historia.

Es inevitable, siempre nos vamos tras los que tienen historias así que contar. Eso es el amor, encontrarnos con alguien y sentir que guarda algo que debemos escuchar. Y tal es el regalo que hacemos a los niños esa noche, el regalo de una dulce y maravillosa historia. Una historia que, lejos de apartarlos del mundo, los devuelve a él cargados de confianza y gratitud, que es lo que pasa tras la llegada de los Reyes Magos: que despiertan en su cuarto real lleno de objetos soñados. Pues ¿acaso no es eso un juguete: un objeto que pertenece por igual al mundo de la realidad y al de los sueños?

¿Deben seguir contando historias así los padres a los niños? No tengo ninguna duda de que sí, incluso los que piensan que a los niños hay que decirles siempre la verdad. La razón nos dice cómo es el mundo y nos ayuda a descubrir las leyes que lo rigen, pero no nos dice por qué estamos en él, ni si nuestra vida tiene o no algún sentido. ¿La razón? Nuestra vida no cabe en una casa tan pequeña, por eso necesitamos ficciones que nos permitan ampliar el campo de lo posible. Y lo que regalamos a los niños la Noche de Reyes es una ficción que habla del amor y sus tímidas locuras. Los libros están llenos de personajes que se van detrás de alguien con la esperanza de escuchar de sus labios historias así. Sancho lo hace detrás de don Quijote para oírlo hablar de caballeros enamorados y ríos llenos de miel; Elsa desafía la prohibición de Lohengrin para conocer el misterio de los cisnes del lago; Ismael se embarca en el *Pequod* para oír hablar de la ballena blanca, y Nausicaa baña y cubre de perfumes a Odiseo para sentarse a su lado y escuchar el relato de sus amores con Circe. Una historia es un lugar donde se formula una promesa. La historia de don Quijote nos promete un mundo lleno de nobleza, dignidad y alegres desatinos; la del capitán Achab, que puede vencerse a la muerte; y la de Ulises, que existen hechizos capaces de retener a nuestro lado a los seres que amamos. Si las criaturas de los cuentos nos conmueven es porque son una metáfora de nuestro propio corazón anhelante. Dragones, sirenas, muchachas encantadas, sastrecillos valerosos, tímidos flautistas, todos nos prometen algo cuando se acercan a nosotros. Y la enseñanza principal de la Noche de Reyes es que el regalo más grande que podemos hacer a los niños es el regalo de una historia que les haga sentirse amados. Una historia que les diga que existe la gracia en el mundo, que es lo que prometen todas las historias de amor. Por eso, más que unos simples juguetes, lo que de verdad quiere el niño es que sean los Reyes Magos quienes se los den, y de ahí su terrible decepción cuando descubren que son sus propios padres quienes lo hacen. Ésta es la razón de que ni el adulto ni el niño quieran abandonar esa noche el mundo de la magia. El niño, para que se cumplan sus deseos; los adultos, para hacer ese tipo de promesas que no se pueden cumplir. "Tú no te vas a morir nunca", tal es la promesa que, a través de esos personajes de ficción, les hacen los padres a los niños esa noche. El loco amor es tratar de cumplir cosas así.

# La caja de música

POCO ANTES DE MORIR, en una entrevista para televisión, una periodista le preguntó a María Zambrano por las cosas que le hubiera gustado ser cuando era pequeña. María Zambrano apenas necesitó pensar su respuesta: una cajita de música, un centinela y un caballero templario. El centinela y el caballero tenían que ver con su gusto por la filosofía, que era desvelo, estado de alerta, anhelo de conocer; la caja de música, con su amor a la poesía, que era misterio, atrevimiento, vocación nupcial. María Zambrano hablaba como el que se inclina sobre un arroyo de aguas claras que no dejan de renovarse y espera recibir de ellas algo desconocido. Por eso quería que, más allá de sus significados concretos, las palabras fueran canto, misterio, lo que tiene el poder de hechizar, como hace una pequeña caja que al abrirse nos entrega su música.

No estoy pensando en ese canto con que druidas, chamanes o hechiceros, en los claros del bosque, trataban de conjurar los males del mundo, sino en simples mujeres hablando. Mujeres que se inclinan sobre las cunas de sus recién nacidos y, locas de felicidad, hablan para ellos. Eso es el lenguaje, un don de la madre. Es así como los niños aprenden a hablar, escuchando a sus madres. Lo hacen desde antes de poder entenderlas, cuando, siendo todavía muy pequeños, escucharlas no debe de ser para ellos muy distinto de lo que es para nosotros sorprender el canto de los pájaros. Paseamos junto a una arboleda y al oír el tamborileo del picapinos, la melodiosa cháchara de las currucas o el canto aflautado del mirlo, nos detenemos a escuchar. Así es como los niños recién nacidos se comportan ante el parloteo de sus madres. Las sienten entrar en la habitación y antes de ver el milagro de su rostro flotando sobre la cuna se disponen a escuchar lo que vienen a decirles. Eso es para ellos la palabra humana: el lugar donde el rostro de su madre va a aparecer. Pero hay una diferencia entre el niño y el paseante distraído del que antes hablé. El paseante sorprende el canto del pájaro como intruso, como alguien que viniendo de fuera se detiene un momento en un mundo que no es el suyo y enseguida tendrá que abandonar; mientras que el niño sabe desde muy temprano que las palabras que escucha le están destinadas. Sería como si un pájaro cantara sólo para él, se colara en la ventana y al verlo esperando en su cuna empezara con sus trinos. Así es la madre para su niño, un pájaro que está loco de amor. "Canto porque tú estás a mi lado", le dice. Ése es el milagro de la palabra, que sólo nos busca a nosotros. Y eso es lo que siente el niño, que ese sonido mágico sólo se produce porque él está allí, que es un elemento más de esa relación misteriosa que tiene con su madre. Y es en el seno de esa relación donde el niño va descubriendo que las palabras también dicen cosas, tienen un sentido. Entonces escucha a su madre decirle: "Si quieres que seamos felices, tienes que hacer lo que te pida". El lenguaje que antes fue canto es ahora petición, responsabilidad, búsqueda de un espacio que compartir con los otros. Tener una casa en la noche. Y si el niño acepta gustoso este cambio es porque, como en los grandes musicales del cine estadounidense, todo esto su madre se lo pide cantando.

Nadie que haya escuchado ese canto puede olvidarlo nunca. Los escritores somos dados a señalar sin descanso las numerosas incorrecciones léxicas y sintácticas que se cometen al hablar, sabedores de que ese descuido con las palabras puede llegar a causar un daño irreparable en las almas de quienes las pronuncian, pero esto no basta. Apollinaire dijo que la poesía es materia encantada. Y el lenguaje, incluso el más cotidiano y utilitario, nunca debe renunciar a esa dimensión poética. Hace un tiempo, Matilde Horne, la traductora al español de *El señor de los anillos*, hablaba en una entrevista de su amor a las palabras y a su sonido. De su amor, por ejemplo, a la "elle" *tartamuda* de la palabra *llovizna*, o del escalofrío que sentía al escuchar la palabra *muñón*, un trozo de carne situado entre la vida y la muerte. Son esos poderes inesperados que convocamos al hablar los que hacen que nuestra lengua se transforme en esa materia encantada de la que habló Apollinaire.

Recuerdo que el primer muerto de mi vida fue un niño de meses. Estábamos en el pueblo y aquel niño era el hijo de nuestra vecina. Eran muy pobres y lo habían puesto sobre la mesa de la cocina rodeado de cirios, vestido con el mismo faldón con que lo habían bautizado. Estaba muy guapo y todas las mujeres lloraban a su alrededor. Por la tarde se lo llevaron en una caja blanca que cargaron otros niños del pueblo. Parecía la escena de un juego, y una de nuestras vecinas se volvió hacia mi madre y, mientras el cortejo se alejaba, le dijo resignada entre lágrimas: "Angelitos al cielo y ropa al baúl". No he olvidado esa frase, que combinaba con castellano pragmatismo el misterio y el dolor de lo sucedido con la necesidad de tener que seguir adelante en aquel mundo de escasez. Los niños muertos regresaban al vasto mundo de lo increado y sus ropas se quedaban en el mundo para arropar a los que iban a nacer. A eso llamo una lengua que canta. Nuestro idioma está lleno de frases así. "Perder la cabeza" es ofuscarse; "beber las palabras", escuchar con atención; "arrastrar el ala", andar enamorado. Si decimos de alguien que "no tiene corazón", estamos afirmando que se trata de una persona cruel o insensible que sólo se preocupa de sí misma, y cuando afirmamos que "el alma se nos va detrás de algo" sólo estamos asegurando que lo deseamos con todas nuestras fuerzas. En todas esas frases late la nostalgia de esa cajita de música de la que habló María Zambrano. Recuerdan las voces de las madres, las cosas que le dicen al oído al niño que tienen que cuidar. Es el parloteo dulce del amor y del juego. Y nosotros temblamos al escucharlo porque, como escribió Elías Canetti, "en los juegos verbales desaparece la muerte". Ese juego es el que funda nuestra lengua y nuestra necesidad de hablar.

Una vez escuché a Mario Camus esta historia. Acababa de presentar en Cannes su película *Los santos inocentes* cuando, en un restaurante parisino, descubrió a Dick Bogarde unas mesas más allá de la suya. Dick Bogarde había sido el presidente del jurado y defendió con vehemencia la candidatura de *Los santos inocentes* para la Palma de Oro. El premio fue a parar a otra película, pero Mario Camus no quiso dejar pasar la ocasión de agradecérselo, y le escribió una pequeña nota que le hizo llegar a través del camarero. Y Dick Bogarde, tras leerla, le respondió con una sonrisa. Luego, al terminar de comer, se despidió con un discreto gesto desde la puerta. Sin embargo, apenas habían pasado unos minutos cuando uno de los camareros se acercó a Mario Camus con una nota del actor. Sólo tenía escritas dos palabras: *Milana bonita.* Nadie que haya leído la hermosa novela

de Delibes podrá olvidar esa frase con que el inocente Aza-
rías se refería a su grajilla, la grajilla que volaba a su hombro
cuando él la llamaba para darle de comer. Y era esa frase la
que Dick Bogarde no había podido olvidar. No es extraño.
Su mundo sonoro es el mundo de las madres hablando a
sus niños. *Milana bonita, milana bonita*, así suenan sus frases
llenas de bondad. Nadie sabe más del amor que los niños,
por eso quieren no sólo que sus madres les hablen sino
que les digan siempre las mismas cosas, como esas cajitas de
música que al abrirse repiten una y otra vez la misma canción encantada. Ése debería ser nuestro compromiso con la
lengua que hablamos. Hacerla vivir, respirar por ella, lograr
que sus palabras conserven la memoria de ese canto que
fueron alguna vez.

# Por los tejados del cielo:
## Carmen Martín Gaite

HAY DOS TIPOS DE PERSONAS, las que dejan atrás sin problemas su infancia, y las que no pueden o no quieren hacerlo. Carmen Martín Gaite perteneció sin duda a este segundo grupo, y esto se nota no sólo en sus libros para niños, sino también en los que escribió pensando en los mayores. Especialmente en los dos suyos que prefiero: *La reina de las nieves* y *Los parentescos*, la novela que no llegó a terminar y que habría sido sin duda su novela más hermosa.

Desde su publicación, *Caperucita en Manhattan* no ha dejado de editarse una y otra vez. Pasan de cuarenta sus ediciones, lo que, en un mundo editorial como el nuestro, sometido a la tiranía de la actualidad más estricta, es una gozosa excepción. Decir que no ha dejado de editarse es dejar constancia de que no ha dejado de leerse. Solía pasar con todos los libros de Carmen Martín Gaite, especialmente los de su última época. Carmen Martín Gaite no sólo fue una escritora apreciada por los críticos y valorada en las universidades, sino que gozó, y esto es mucho más importante, del sincero aprecio de los lectores. Sus obras se editaban sin descanso, y en las ferias del libro solían figurar en la lista de los más vendidos, formándose ante las casetas donde firmaba colas interminables. Y entre todos sus libros puede que sea precisamente *Caperucita en Manhattan* el que se ha leído de forma más continuada y entusiasta, sin conocer un solo momento de desfallecimiento, por lo que se habrá de pensar que este libro tiene algún tipo de misterio. Contaré mi propia experiencia. Leí *Caperucita en Manhattan* al poco de ser publicado y no lo había vuelto a leer hasta hoy. No suelo tener buena memoria, pero me ha parecido que entre una lectura y otra en vez de quince años sólo habían pasado unos días. O dicho de otra forma, no sólo he creído estar leyendo el mismo libro sino que lo hacía con los mismos ojos de entonces. Esto también es otro misterio, pues los libros cambian a medida que nosotros cambiamos. Y sin embargo he tenido la sensación de que me devolvía al mismo lugar. Es más, me ha parecido volver a ver a Carmen Martín Gaite la última vez que estuve con ella. Coincidimos en Santander, en un curso, y estuvimos cenando juntos. Tenía una bolsita como la que lleva Miss Lunatic, el personaje de su novela, y tenía su mismo aspecto disparatado, irónico e ingenuo. Y recuerdo que pensé que cada día que pasaba, por esa extraña simbiosis que suele producirse entre el creador y sus criaturas, se parecía más a este personaje de su cuento más famoso.

*Caperucita en Manhattan* es, como su propio título hace suponer, una reescritura de *Caperucita roja*, el cuento de Charles Perrault. Sara Allen es una niña de diez años que vive en Brooklyn, Nueva York. Su mayor deseo es ir sola a Manhattan para llevar a su abuela un tarta de fresa. La abuela de esta moderna Caperucita ha sido cantante de *music-hall* y se ha casado varias veces. El lobo es Mister Woolf, un pastelero multimillonario que vive cerca de Central Park, en un rascacielos con forma de tarta. Pero el hilo mágico de este relato se centra en Miss Lunatic, una mendiga sin edad que vive de día oculta en la estatua de la Libertad y que sale de noche para mediar en las desgracias humanas. Bruno Bethelheim, en su libro *Psicoanálisis de los cuentos de hadas*, vio en el cuento de *Caperucita* el conflicto de la pubertad femenina. El rojo sería el símbolo de la primera menstruación, y el lobo, el de los instintos sexuales. Era un cuento con el que se trataba de advertir de los peligros que aguardaban a las niñas cuando crecían: los peligros de su sexualidad incipiente. En el libro de Carmen Martín Gaite el lobo es un pastelero. Es decir, alguien que engatusa con los dulces a niños y mayores, si bien aquí se trata más que de deseos perversos, de la ambición de un empresario sin escrúpulos que maltrata a sus empleados y que sólo vive para aumentar sus ingresos, aunque puede que estos deseos sean los más perversos de todos. Más allá de esta interpretación psicoanalítica, la pequeña Caperucita representa el deseo de aventuras de todos los niños y niñas del mundo. Un deseo que tiene que ver con el milagro de su vitalidad, porque el niño se mueve en la vida como pez en el agua. En realidad, la infancia no es sino esa pregunta permanente acerca de todas las cosas, por lo que es lógico que si una niña se encuentra con un lobo, antes de nada, lo que quiera es conocer su historia. Ése es el eterno encanto de Caperucita: su candor. No suele ser una palabra con buena prensa en nuestros días. "Candor" viene de *candere*, que en latín significa blanco, pero también arder, estar ardiendo. Y esta doble condición del candoroso —la de estar al comienzo de las cosas, de que su corazón sea una página todavía por escribir, y la de arder entre "las llamas de una inesperada hoguera"— es la que hace de Caperucita un personaje universal e inolvidable. Así es Sara Allen, la protagonista de la novela de Carmen Martín Gaite. Quiere saber, conocer el misterio de los demás, el misterio de su abuela y de su compleja y atractiva vida y, sobre todo, el de Miss Lunatic, la enigmática anciana con la que se encuentra y que le revela algunas de las dulces rarezas de la vida.

Sara Allen nos atrae por la misma razón que lo hace Caperucita, por su alegre disponibilidad. Es decir, porque se encuentran con el lobo y se detienen a hablar con él, ya que no pueden resistirse a la seducción de lo desconocido. O dicho de otra forma, porque ven la vida como una aventura, puede que extravagante y llena de sobresaltos, pero que, en todo caso, merece la pena. Miss Lunatic le dice a Sara:

> Para mí vivir es no tener prisa, contemplar las cosas, prestar atención a las cuitas ajenas, sentir curiosidad y compasión, no decir mentiras, compartir con los vivos un vaso de vino o un trozo de pan, acordarse con orgullo de la lección de los muertos, no permitir que nos humillen o nos engañen, no contestar que sí ni que no sin haber contado hasta cien como hacía el Pato Donald... Vivir es saber estar solo para aprender a estar en compañía, y vivir es explicarse y llorar... Y vivir es reírse.

Miss Lunatic le entrega a Sara Allen una pequeña ficha que le permitirá abrir el túnel que conduce a la estatua de la Libertad. Y también este libro, como todos los grandes libros, entrega algo semejante: una llave, una pequeña ficha que permite acceder a otros mundos y mirar por otros ojos sin dejar de ser uno mismo. No te dice cuándo tienes que utilizarla, pero la deja en tus manos para cuando llegue el momento. Sara la encuentra al final del libro, después de conseguir que Mister Woolf y su abuela se reúnan, algo tan portentoso como que en el cuento de Perrault la abuelita y el lobo hubieran terminado bailando con posibilidades de boda.

Harold Bloom dice que leemos movidos por una necesidad de belleza, de verdad y de discernimiento. Es decir, buscando el esplendor estético, la fuerza intelectual y la sabiduría. Y este libro nos ofrece las tres cosas. Está maravillosamente escrito, está lleno de inesperada belleza y rebosa alegría e inteligencia. Como todos los grandes cuentos, nos ayuda a discernir las cosas que podemos pasar por alto, sin darles demasiada importancia, de aquellas que obligatoriamente tenemos que atender, y su lectura comporta una enseñanza. Y ¿cuál es esa enseñanza? Que no hay que tener miedo a vivir. Eso nos dice este libro, que la vida se transforma muchas veces, es un laberinto temible pero también que basta con amarla de verdad para encontrar una salida. Y que es eso lo que nos ofrecen los cuentos, pues un cuento antes que nada es un acto de amor.

*Caperucita en Manhattan* es un acto de amor, y eso se nota desde sus primeras líneas. Diré lo que me parece: que Carmen Martín Gaite lo escribió pensando en su hija. Su temprana muerte marcó de una forma tan decisiva su vida que la mantuvo apartada de escribir durante años. Creo que *Caperucita en Manhattan* está íntimamente dedicado a ella y eso justifica su hermoso y extraño final. Es un final que atenta contra esa ley no escrita de los cuentos que dice que éstos deben terminar con el regreso de los personajes a la normalidad. En Andersen, sin embargo, raras veces es así. La sirenita se pierde entre las hijas del aire; el soldadito de plomo, en las llamas; Pulgarcita, entre los pétalos de las flores. Carmen Martín Gaite era de la estirpe de Andersen, y su personaje desaparece por un extraño túnel que la lleva a la libertad, como si después de todo descubriera que el mundo no es un lugar tan bueno para vivir. No se trata de una interpretación gratuita. *La reina de las nieves* está dedicado a Andersen pero también a su hija. Y tiene esta cita de Djuna Barnes: "Suéltate del infierno, y tu caída quedará interceptada por el tejado del cielo". Eso hace Sara Allen al final de este libro. La vemos precipitarse en un túnel negro pero no sentimos miedo por ella, porque algo nos dice que su caída estará interceptada por el tejado del cielo. No se trata de una caída ya que lo que hace en realidad es volar. Esa vida en el cielo tiene que ver con la vida de la imaginación "porque las cosas y las personas que sólo se han visto con los ojos de la imaginación pueden seguir viviendo y siendo iguales, aunque desaparezcan en la realidad". Los cuentos tratan, claro, de las cosas y los seres reales, pero contarlos es acertar a dar a esas cosas y a esos seres la cualidad de lo imaginado. Eso quiso hacer Carmen Martín Gaite al escribir este cuento: llevarnos con su hija por los tejados del cielo. Y en ese logro está la causa de su encanto imperecedero.

# El buey y los ángeles

EN UNO DE SUS POEMAS MÁS misteriosos, Thomas Hardy evoca un recuerdo de su infancia. Es Nochebuena y alguien, al hablar de los bueyes del portal, exclama: "Ahora estarán todos de rodillas". Pasa el tiempo y el poeta, que tiene ahora setenta y cinco años y se ha convertido en uno de los escritores más grandes de la lengua inglesa, escribe (utilizo la traducción de Joan Margarit): "Todavía / si alguien dijese en Nochebuena, vamos a ver a los bueyes de rodillas, / dentro de la cabaña solitaria / de aquel valle lejano que solíamos visitar en la infancia, con él iría por la oscuridad / esperando encontrármelos así".

También Jules Supervielle, el poeta uruguayo francés, escribió un relato sobre los animales del portal. Se titula *El buey y el asno del pesebre* y es una delicada muestra de amor a esas criaturas inocentes cuyas figuras de barro tantas veces pusimos en nuestra infancia junto a la cuna del Niño. Supervielle nos cuenta esa historia desde los ojos de un narrador imprevisto: el buey que vive en el portal. Es un relato de un extraño lirismo, pues lo que nos conmueve del buey es esa capacidad para relacionarse con lo no revelado todavía, con ese ámbito de lo invisible que constituye la esencia de la poesía. El buey de Supervielle asiste asombrado a lo que sucede a su alrededor. Ve al Niño que acaba de nacer y se pone a calentarlo con su aliento. Todo se vuelve maravillosamente difícil para él. Los ángeles no paran de ir y venir, y acude gente humilde cargada de regalos. Cuando sale al campo, se da cuenta de que hasta las piedras y las flores saben lo que ha pasado y están nimbadas de luz. Y el pobre se pasa las noches en vela, arrodillado junto al Niño, viendo aquel mudo celeste que penetra en el establo sin ensuciarse. Esa dicha lo conduce al agotamiento más extremo y cuando por fin María, José y el Niño se alejan con el asno, en busca de un lugar más seguro, no puede seguirlos, y se queda solitario en el establo, donde muere sin llegar a entender nada de lo que le ha pasado. José Ángel Valente, al comentar este relato, y lamentándose de que tantos hombres hayan llegado a perder el sentimiento de lo poético, escribe:

> Ignoran tanto hasta qué punto los rodea lo invisible, que ni siquiera tienen la prudencia de aquel buey de un delicioso cuento de Jules Supervielle, que en el colmo del júbilo "temía aspirar un ángel", tan denso estaba el aire de "espirituales criaturas".

Es la misma atmósfera de los frescos que el Giotto pintó en la capilla de los Scrovegni, en Padua. En uno de ellos María permanece en el lecho y tiende sus manos para tomar agotada a su hijo, y a su lado están el buey y la mula mirándolos. Muy cerca, junto a un san José misteriosamente ausente, adormecido, hay un rebaño de ovejas y dos pastores que miran hacia el cielo, donde varios ángeles revolotean sobre el techado de madera como si hubieran tomado alguna sustancia psicotrópica. Todo está detenido y, a la vez, ardiendo, lleno de luz, como si hombres, animales y ángeles fueran presas del mismo hechizo. Una de las cosas que más me conmueve de esta historia, la más hermosa del universo cristiano, es este extraño protagonismo de los animales: que las pobres bestias estén al lado de los hombres y los ángeles participando de la misma revelación en un plano de igualdad.

Coleridge pensaba que la verdadera poesía debía transmutar lo familiar en extraño y lo extraño en familiar, y es justo a eso a lo que asistimos aquí. James Joyce llamó epifanías a estos instantes de comunicación profunda con las cosas, y es esa capacidad para transformar el detalle trivial en símbolo prodigioso lo que transforma esta ingenua y antigua historia en verdadera poesía. Eso es una epifanía, una pequeña explosión de realidad que hace del mundo el lugar de la restitución. Miles de niños nacen a cada instante y no todos tienen, por desgracia, la misma suerte; pero basta con que sean recibidos con amor para que algún buey aturdido ande cerca y exista el peligro de aspirar alguna criatura invisible al menor descuido.

Un viejo anarquista de un pueblo minero leonés acostumbraba poner todos los años el nacimiento. Era un nacimiento peculiar, en el que estaban ausentes el castillo de Herodes y el portal, pues, según él, sólo el pueblo merecía figurar por ser lo único sagrado. Pero basta acercarse a cualquier niño que nace para saber que ese portal y ese castillo deben estar ahí, pues dan cuenta de la belleza, el misterio y el temor que acompañan su nacimiento. El mundo de los recién nacidos es el mundo de la adoración de los pastores y los bueyes, de los peregrinos conducidos por señales errantes; pero también el de la muerte de los inocentes y el de la incierta huida a Egipto. No es posible ver la crianza de un niño separada de un humilde portal, de la luz de una estrella, de las innumerables visitas y las calladas atenciones; pero tampoco de la fuga en la noche y de la persecución injustificable y cruel. El mundo de la adoración tiene su contrafigura en ese otro en el que el niño cuanto más querido más vulnerable nos parece, y en el que toda vigilancia es poca para preservarlo de los peligros que le aguardan en la vida.

Recuerdo ahora los nacimientos de mi infancia y la emoción que sentíamos cuando, al llegar la Navidad, se sacaban las figuras de barro del cajón en que descansaban para montarlos. El río hecho de papel de plata; el musgo, que había que ir a tomar al pinar; la escoria que quedaba en la caldera tras la combustión del carbón; y el serrín que nos regalaban en una tienda de telas que, por una mágica coincidencia, se llamaba Sederías de Oriente. Pero la casa estaba llena de niños que inevitablemente tomaban las figuras de barro al menor descuido para jugar con ellas. Además, de tanto guardarlas y volverlas a sacar de su cajón, era inevitable que muchas se rompieran. Algunas se reponían, pero otras nos daba pena tirarlas, y así, el nacimiento se fue poblando de lavanderas con un solo brazo, burros sin orejas, ovejas que habían perdido una pata y campesinos cojos.

Años después escribí una novela en que aparecía una María manca. Cuando me preguntaban por qué, yo solía decir que esa imperfección me permitía arrancarla de aquel mundo de retablos llenos de racimos dorados, vidrieras iluminadas e íconos de oro en que María solía estar, para devolverla al mundo, entre las muchachas reales. Ésta era la explicación que daba, pero creo que la Virgen de mi libro venía directamente de ese nacimiento de mi infancia, de ese pequeño pueblo de tullidos que, bien mirado, es el que mejor habla de lo que somos. Aquellas figuras rotas y amadas representaban las penas y dolores de la vida, pero también su hondo e incomprensible misterio. El misterio de la belleza y de lo inexplicable, que tan bien representa ese buey del relato de Supervielle que no sabemos si muere de dicha o de tristeza.

# La bella catástrofe

BLANCANIEVES Y LOS SIETE ENANITOS es la película más hermosa de Walt Disney. Fue su primer largometraje y alcanzó un éxito sin precedentes en todo el mundo. Hay en esta película una escena inolvidable: Blancanieves huye aterrorizada al enterarse de que su madrastra la quiere matar. Se hace de noche, y el bosque se llena de espantosas criaturas: árboles siniestros que quieren sujetarla, bocas hambrientas, seres que gritan enloquecidos a su paso. La niña cae al suelo agotada mientras la oscuridad se puebla de ojos aviesos. Pero amanece y el lugar se transforma en un hermoso bosque lleno de flores y árboles, y los ojos extraños, en apacibles animales que contemplan a la niña dormida desde ramas y arbustos. Blancanieves se descubre entonces rodeada de conejos, búhos, palomas, gorriones, ardillas y ciervos y, al momento, surge entre ellos una súbita y recíproca atracción. Ése es el don de los personajes de Disney, especialmente los femeninos: hacerse amar por todos los que los miran, incluidos los animales, con los que enseguida establecen una relación de cálida y gozosa complicidad. Pasa esto en *Blancanieves*, donde ese cortejo de animales seguirá a la niña a donde quiera que vaya, pero también en *La cenicienta* o en *La bella durmiente*. Todas sus protagonistas tienen ese don supremo de hacerse entender por los animales, que enseguida pasarán a participar con naturalidad en sus alegrías y sus penas.

El mundo de Disney no sería nada sin esa presencia gozosa de las otras criaturas del mundo. Sus adaptaciones de *Tarzán* o de *El libro de la selva*, centradas en personajes humanos que se mueven por las más intricadas selvas como peces en el agua, redundan en la idea de que el hombre no es nada separado de los otros seres vivos. Y, en efecto, los animales ocupan un lugar central en el cine de Disney, hasta el punto de que películas como *Dumbo, Bambi, Ciento un dálmatas* o *La dama y el vagabundo* los tienen por únicos protagonistas. Y es verdad que tiende a proyectar sobre ellos emociones y sentimientos humanos, con lo que en opinión de sus críticos los mixtifica, privándolos de su verdadera naturaleza, pero no lo es menos que es así como suelen aparecer en el mundo del folclore y de los cuentos, en que predomina una visión igualitaria que hace del animal un compañero y hasta, llegado el caso, un interlocutor.

Tolkien dice que el que en los cuentos sea frecuente que bestias, pájaros y otras criaturas hablen con los humanos se deriva de uno de los deseos innatos más caros al corazón del ser humano: el deseo de entrar en comunión con los otros seres vivientes. En todo el cine de Disney se respira ese mismo deseo. Sus películas no hablan de lo posible, sino de lo deseable. Se le ha acusado de moralismo y sensiblería, y de que banaliza los cuentos, pero esto no es del todo cierto. Aún más, tuvo el valor de acercarse a los cuentos más perturbadores escritos jamás, y como prueba ahí están sus adaptaciones de *Pinocho, Peter Pan, Alicia en el País de las Maravillas, La bella y la bestia, La cenicienta, Blancanieves* o *La sirenita*. Es verdad que en esas adaptaciones hay un exceso de sentimentalismo y en ellas se priva a las historias de algunos de sus elementos más inquietantes, pero eso no quiere decir que las traicione. En nuestra memoria de niños aún perduran las creaciones de personajes tan oscuros como la madrastra de Blancanieves, el hada Maléfica o Cruella de Vil; o escenas tan sobrecogedoras como aquella de *Pinocho* en que los niños se convierten en burros. *Pinocho* no es sino la fábula de cómo acceder a la madurez, pues los niños no están hechos para permanecer eternamente en la infancia, sino para crecer y madurar. Y en *Pinocho* vemos cómo la tristeza, el dolor y el aleteo del mal le sirven a su pequeño protagonista para abandonar ese mundo irresponsable, torpe y egoísta en que vive y transformarse en un niño verdadero.

En su conferencia sobre los cuentos de hadas, Tolkien afirma que los cuentos maravillosos deben tener un final feliz. Esto no significa que, al terminar de contarlos, los conflictos queden resueltos, sino que debe quedar claro que la vida es extraordinaria. Por eso habló de la *eucatástrofe*, la bella catástrofe, lo que quiere decir que, a pesar de todas las dificultades y tristezas a las que tendremos que enfrentarnos, el mensaje de los cuentos debe ser que la vida merece la pena. Disney fue fiel a ese gozoso mensaje y el gran tema de su obra es la ternura. Paul Valéry dijo que la ternura era la memoria de haber sido tratado con atenciones extraordinarias a causa de nuestra debilidad. Y en Disney abundan esos personajes vulnerables y sensibles, que inmediatamente provocan en nosotros un deseo de protegerlos. Representan a todos los niños del mundo; a los niños que fuimos y a los que siguen naciendo. Representan su desamparo, su indefensión ante los adultos, cuyo mundo no entienden. Los niños son como las criaturas perdidas de los cuentos. Tienen corazones extraños que no podemos entender y oyen y ven cosas que olvidan al crecer. Y todos buscan el amparo de alguien que los ame. Puede que esto sea una simpleza, pero es así como somos.

Walt Disney tuvo una infancia feliz, truncada por la enfermedad del padre, que obligó a la familia a dejar su idílica vida en Missouri para emigrar a Kansas City. Ese paraíso perdido, en contacto permanente con la naturaleza, inspira todas sus películas. Fue un hombre conservador, que defendió los valores más rancios del *american way of life*. Ferviente anticomunista, denunció a varios de sus compañeros ante el Comité de Actividades Antiamericanas y sintió simpatía por los nazis, pero nos dejó un puñado de películas que, misteriosamente, siguen encantando a todos los niños del mundo. El final de *Blancanieves* es sin duda una de las escenas más hermosas del cine de animación. La niña muere al morder la manzana envenenada, pero los enanitos no se deciden a enterrarla. ¿Cómo ocultar bajo la tierra algo tan hermoso? La ponen en un ataúd de cristal y la velan sin descanso, esperando que algo suceda. Eso es la belleza, según Borges: un sentimiento de expectación, adentrarse en el reino de la posibilidad. Y así es: un príncipe pasa por allí y, atraído por la hermosura de la muchacha, la besa y la despierta. Se cuenta que, poco antes de morir, Disney mandó que congelaran su cuerpo a la espera del tiempo en que la ciencia hubiera avanzado lo suficiente para remediar su enfermedad. Esto no es cierto y sus cenizas reposan en California, pero es hermoso imaginarse a Disney recordando, en el momento de su muerte, la escena final de la película que tanto amó y creyéndola posible. Se trata de un disparate pero, ¿podríamos vivir sin disparates así?

# En el jardín secreto

HAY UNA CLARA RELACIÓN entre *El jardín secreto*, la novela de Frances H. Burnett, y *Jane Eyre,* la novela de Charlotte Bronte. En las dos hay un cuarto cerrado, un lugar oculto donde se esconde una persona extraña, diferente y llena de problemas. En la primera, un niño enfermo; en la segunda, una mujer loca. Y en las dos son las recién llegadas, una niña de once años y una institutriz, quienes descubren esos lugares malditos. Esos cuartos son la antítesis del jardín que también descubrirá Mary Leenox, la niña protagonista de la novela de Burnett. Los cuartos tienen que ver con la muerte, que no es sino la ruptura de nuestros vínculos con los demás; el jardín, con la vida, con la restauración de "ese saber inocente" del que habla Bachelard. Dickon, el niño del pueblo, cumple en la novela esa función. Él no vive separado del mundo y enseña a Mary a encontrar el camino que la lleva al encuentro con la naturaleza, pues posee una habilidad muy especial: puede entender y hablar con los animales. La apelación a la magia es imprescindible. Walter Benjamin dijo que el momento más doloroso para un niño es cuando descubre que no puede hacer magia. Y los cuentos existen para crear un espacio en que ésta siga siendo posible. Un poeta israelí dijo que donde tenemos razón no crecen las flores. Lo que es lo mismo que decir que la vida no cabe en esa casa tan pequeña que es nuestra razón.

Dickon recuerda al Nini, el protagonista de *Las ratas*, la novela de Miguel Delibes, un niño que vive en comunicación con todas las criaturas del mundo. No se trata de que tenga poderes misteriosos que le permitan relacionarse con ellos, sino que su saber surge de la atención. Es él quien nos devuelve al mundo natural perdido, como si plantas, ríos, estrellas y seres humanos hablaran una misma lengua que todos pueden entender. *El jardín secreto* habla de la bondad. Al final de la novela la madre de Dickon le dice a Collin, cuando éste le pregunta si cree en la magia:

> Claro que sí, hijo. Nunca la he conocido con ese nombre, pero ¿qué importancia tienen los nombres? Seguro que tiene un nombre diferente en Francia y otro en Alemania. La misma cosa que hace que se abran las semillas y que brille el sol, es lo que ha hecho que te hayas puesto bien... y es la Bondad. [...] Esa gran Bondad no se preocupa de los nombres, bendita sea, y sigue haciendo mundos a millones... mundos como nosotros mismos. Nunca dejes de creer en la Bondad, tan grande que el mundo está lleno a rebosar de ella... y llámala como quieras.

La magia, en suma, es la bondad: la mejor jardinera.

Dickon es el único que ve de verdad. Su magia simboliza el poder de la imaginación, la facultad que nos permite relacionar realidades que nuestra razón nos hace percibir como separadas u opuestas: el mundo de los seres humanos y el de los animales, el de los niños y el de los adultos, el de los hombres y el de las mujeres. El jardín secreto podría ser una metáfora del libro. Y lo que hace Mary al entrar en él es lo que hacen todos los niños lectores cuando encuentran un libro que les gusta. La vida misteriosa que Mary empieza a tener cuando visita a escondidas el jardín es la vida de todos ellos en ese espacio misterioso que se abre en sus corazones al leer.

*El jardín secreto* es una novela de amor. De hecho, el jardín del que se habla es una creación de la mujer del señor Craven, y si éste no quiere volver a visitarlo es porque ella ha muerto y en el jardín todo se lo recuerda. La metáfora del jardín es muy antigua. Es el *hortus conclusus* (huerto cerrado) medieval, el lugar donde se citan los amantes. Romeo y Julieta, Calixto y Melibea, todos se encuentran en un lugar así. Podríamos decir, incluso, que cada amor debe crear un jardín que proteja y arrope a los amantes, que sea su nido secreto. Y el descubrimiento de ese jardín por parte de Mary es el descubrimiento del amor: del amor hacia Dickon, el niño adánico; del amor a Collin, el hijo "inválido", histérico y malcriado del señor Craven. Collin es un monstruo porque está excluido. Es malo, como la criatura de Frankenstein, porque es desgraciado. Se pasa la vida encerrado en su habitación y todos piensan que va a morir, pero al conocer a Mary y a Dickon, y descubrir gracias a ellos la existencia del jardín, su vida cambia para siempre. El jardín nos dice que el paraíso está en el mundo, sólo que como reino secreto que hay que saber encontrar.

La expresión *hortus conclusus* procede del *Cantar de los cantares*: "Huerto cerrado eres, hermana mía, esposa, jardín cerrado, fuente escondida". En el arte sacro europeo representó la virginidad de María, es decir, su secreto: el jardín donde recibía a los ángeles. El lugar donde tuvo lugar la Anunciación y la concepción del Niño. Un niño de palabras pues fueron las palabras las que obraron ese milagro. "Hágase en mí según tu palabra", eso le dijo la

candorosa María al inquieto ángel de la Anunciación.
Y eso hace el lector, ofrecer su propio cuerpo a las voces del
mundo: las voces de las sirenas y de los elfos, las voces de
los animales, de los árboles y las estrellas. Y es justo eso lo
que hace Mary en esta novela, recibir en su propio cuerpo las voces del jardín. El jardín secreto es la metáfora del
libro, del libro como lugar de la vida. "He robado un jardín —dice Mary—. No es mío, pero tampoco es de nadie,
nadie se ocupa de él, nadie va a verlo jamás. Hasta puede
que todo se haya muerto ya en ese jardín..."
    La magia en la novela de Frances H. Burnett no es sino
una metáfora de una comunión con el mundo. El ser humano actual, occidental y urbano, ha perdido la capacidad
de relacionarse con el mundo natural, de sentir que grutas, montañas, fuentes, árboles y animales guardan mensa-
jes que le están destinados. Y Dickon tiene esa capacidad.
"También es un encantador de niños —se dice en la novela de él—, porque los niños son criaturas como los mismos
animales". Y poco después puede leerse: "Eso es lo que
hace la magia: empujar y tirar de las cosas, y hacer cosas
de la nada. Y todo está hecho de magia, las hojas, los árboles, las flores y los pájaros, los tejones y los zorros y las ardillas y las personas". Dickon sabe hacer magia, lo que es lo
mismo que decir que sabe "tirar" de las cosas: sabe pedir.
    Hay un novela muy hermosa de Amos Oz titulada *Una
pantera en el sótano*. En ella una muchacha va a cuidar a un
niño. El niño la ha visto desnudarse desde la terraza, lo
que le avergüenza y le hace temer que haya podido descubrirlo. Ella se queda a su lado esa noche porque los padres del niño han tenido que viajar a otra ciudad y le han
pedido que lo cuide mientras están fuera. La muchacha le

prepara una sabrosa cena y, cuando se ponen a hablar, el chico descubre que sí sabe que la ha estado espiando, pero que no le importa que lo haya hecho y le parece normal que quiera verla desnuda, por lo que a partir de ese momento se limitará a bajar la persiana de su cuarto cuando se vaya a acostar. Y le dice que lo que más le gusta de él es que "en un mundo donde casi todos son generales o espías, él es un niño de palabras", y que, le den lo que le den, "siempre se comporta como si le hubieran dado un regalo, como si le hubiese ocurrido un milagro". Y aún añade otra cosa: que todos los problemas que tenemos en la vida surgen porque no sabemos pedir. "En la vida real, la mayoría de la gente pide toda clase de favores pero los pide mal. Luego dejan de pedir, pero se ofenden y te ofenden. Empiezan a acostumbrarse, y una vez que se han acostumbrado ya no hay tiempo. La vida se acaba."

Eso es la magia en el libro de la Burnett. Saber pedir. Y Mary lo hace desde el principio. Ve al petirrojo y le pide que no se vaya, que vuelva con ella. Ve a Dickon y le pide que sea su amigo. Descubre a Collin, el niño oculto, y le pide que no sea malhumorado, que no renuncie a andar y a ser un niño como los demás. Ve aquel lugar tan triste donde la han llevado y le pide que sea un jardín. Si renunciamos a pedir, nos quedamos sin cuentos y sin vida, ya que los cuentos nos hablan de la vida secreta de las cosas.

El petirrojo es la criatura más cautivadora del libro, sin él nada sería posible. Se parece al ángel de la Anunciación, pues es él quien conduce a la niña al jardín secreto y hace de la naturaleza, como quería Emily Dickinson, una casa encantada. El petirrojo no se puede buscar, es él quien te encuentra. C. S. Lewis dijo que la poesía no está hecha para ser usada sino para recibirla. Por eso Mary se enamora del petirrojo antes de saber lo que viene a decirle. Es lo que hace Bella con la Bestia: amarla antes de saber quién es ni lo que quiere. El petirrojo representa el impredecible amor, el amor que abre puertas, que da llaves, que desvela secretos. Pero ¿cómo encontrarlo? Llega o no llega, se presenta o no lo hace. Por eso es tan difícil contestar a la pregunta eterna sobre qué puede hacerse para acercar a los niños a los libros. No hay fórmulas, no hay guías posibles. A los libros se llega, como a las islas mágicas de los cuentos, no porque alguien nos lleve prudentemente de la mano, sino porque nos salen al paso. ¿No es eso leer: llegar inesperadamente a un lugar nuevo? Un lugar como una isla perdida, un huerto cerrado, que no sabíamos que podía existir y en el que tampoco podemos saber lo que nos aguarda. Un lugar en el que debemos entrar en silencio, con los ojos muy abiertos, como hacen los niños cuando se adentran en una casa abandonada. Pero para encontrarlo necesitamos que alguien nos conduzca hasta él. Se necesita un petirrojo, y hay que estar atento para no dejarlo marchar cuando nos visite. Ésa es la tarea: recibir a los mensajeros.

# El niño de madera

HEINRICH VON KLEIST PIENSA que el ser humano se ha separado del mundo y que por eso ha perdido esa gracia que los teatros de títeres siguen conservando. Los miembros de los marionetas son como delicados apéndices; siguen su centro de gravedad. Sus movimientos están llenos de gracia y liviandad, porque en ellos no hay conciencia "y se oscurece la reflexión". En ciertos lugares de China se saca a los muertos haciendo un hueco en la pared, indicando así el acceso a otra causalidad. El hueco en el muro, la ventana que da a las azoteas, ese mundo hurtado a la razón es la escena en que actúan las marionetas.

Aún recuerdo la conmoción que causaban en los pueblos, durante mi infancia, la llegada de los alegres titiriteros. Eran gitanos que venían del centro de Europa y que encendían sus fogatas en la plaza en las noches de verano. Venían con sus monos, sus músicas, sus vestidos de colores y sus teatrillos de títeres y, junto con aquel mundo de libertad y gozo, eran portadores de inquietantes historias que hablaban de robos de animales y joyas, raptos de niños que cambiaban por oro en remotos mercados, y secuestros de muchachas cuya voluntad doblegaban con el encanto de sus ojos ardientes. ¿Cómo hablar de todo lo que sentíamos los niños cuando, sentados en las primeras filas, sobre la tierra, veíamos cómo se abría la cortinilla del pequeño teatro y sus muñecos empezaban a moverse y a darse porrazos?

Uno de los problemas de nuestro tiempo es que se ha perdido la capacidad de adorar, ¡y hay tantas cosas que adorar en una obra de marionetas! Los hermosos muñecos, su levedad, la gracia de sus movimientos, sus voces alegres y sonoras, sus desatinos, la presencia silenciosa de esos actores que las mueven sin querer aparecer. Y no hay adoración más loca que la que sienten los niños por estos muñecos que inesperadamente se ponen a vivir ante sus ojos cuando las luces de la sala se apagan.

Cuenta Walter Benjamin que la popularidad de los títeres alcanzó en ciertas épocas tal grado de exaltación que constituyeron una seria amenaza para los teatros de verdad. En París, por ejemplo, los actores no se dieron por satisfechos hasta que se los expulsó del centro de la ciudad a las zonas más alejadas del casco urbano. Me hubiera gustado vivir en un mundo como ése y me pregunto qué nos ha pasado para que las marionetas se hayan convertido hoy día en un espectáculo casi marginal, que a casi nadie, salvo a los niños, interesa.

Todos los niños están convencidos de que los juguetes tienen una vida oculta, una vida que sólo florece cuando nadie los ve. El espectáculo de las marionetas trata de decirnos cómo es esa vida. Es imposible, al verlas, no pensar en el pobre Gepeto construyendo en su taller a Pinocho, el niño de madera. Rafael Sánchez Ferlosio sostiene que Pinocho nunca debió convertirse en un niño de verdad, porque hay una ley en los cuentos que dice que las metamorfosis sólo pueden existir para recobrar nuestro verdadero rostro. Pinocho nace siendo de madera, y nunca podrá hacerse un premio del hecho de que pierda su figura original. Y es cierto que cuando más cautivador resulta Pinocho es cuando es un niño de madera. Es entonces cuando más nos conmueven las divertidas y terribles historias que le toca vivir, y cuando más nos encandila con sus locuras. Porque de lo que de verdad trata este cuento es de lo que les pasa a los niños cuando crecen. Las marionetas representan a ese niño de madera que no cabe en el mundo de los adultos. Son el equivalente de los niños perdidos que acompañan a Peter Pan, los niños que viven en esa Isla de Nunca Jamás que representa la infancia y a la que, una vez que se crece, no cabe regresar. De esa vida perdida que se queda atrás, de esos otros que siempre son los niños, tratan todas las obras de marionetas. Las marionetas contienen el alma de los niños, hablan de todo lo que éstos perderán al crecer y nunca podrán recuperar.

En la última novela de Carmen Martín Gaite la pequeña protagonista acude por primera vez al teatro y presencia una obra de marionetas. En ella un ogro riñe constantemente con una princesita. Hasta que una libélula, que zumba a su alrededor, se mete bajo su blusón. "Fu, fu, fu, mucha calma, el secreto está en el alma". Los movimientos, las voces de las marionetas tienen que ver con el secreto. Y sin embargo no tienen doblez, se exponen a nuestra mirada sin ocultar nada, sin un interior sellado por la vergüenza o la malicia. Creo que si nos gustan es porque son una metáfora de nuestro propio corazón. El corazón que está hecho para obedecer a la mano que lo toma, que es un resto de ese cuerpo que tuvimos en el paraíso y de cuya dulce locura sólo logramos saber en ciertos instantes de maravilla y abandono.

En un artículo reciente, Enrique Vila-Matas recuerda un relato de Melville titulado *Yo y mi chimenea*. En él un campesino se sienta cada día ante su gran chimenea y fuma complacido su pipa. Su mujer y sus vecinos lo acusan de carecer de sentido práctico y quieren que derribe la chimenea pues no hace sino molestar, pero él se niega a hacerlo.

> A partir de esta habitual primacía de mi chimenea sobre mí, algunos incluso piensan que he entrado en un triste camino de retroceso; en resumen, que de tanto permanecer detrás de mi antigua chimenea, me he acostumbrado a situarme también por detrás de la actualidad, y que debo de andar atrasado en todo lo demás.

Vila-Matas ve en ese viejo campesino alguien que, frente a las banalidades de su tiempo, se mantiene fiel a su mundo y "abre un frente de guerra contra los que trabajan para el derribo de las viejas chimeneas del espíritu".

Debemos defender el teatro de marionetas como el viejo personaje de Melville defendía su chimenea. Frente a la dolorosa imagen de desintegración que define nuestro tiempo, las ingenuas marionetas nos dicen que es posible la resurrección. Basta por eso que alguien abra la cortinilla de un pequeño teatro y que las marionetas se muevan ante los ojos de los niños, para que vuelva a renovarse en el mundo el misterioso milagro de la vida.

# La historia más hermosa

Se ha dicho que en *El patito feo* Hans Christian Andersen quiso contar la historia de su vida. Y es verdad que la vida de ese frágil y desgraciado patito, que nace por error en una granja llena de vulgaridad y al que todos rechazan por su desproporción y sus andares ridículos, tiene muchos puntos en común con la de nuestro escritor, ya que ninguno de los dos conocería la felicidad en el mundo en que les tocó nacer.

Sin embargo, Andersen, gracias precisamente a sus cuentos, llegó a ser uno de los personajes más célebres de su tiempo. Él mismo, en su madurez, escribiría un texto autobiográfico que tituló *El cuento de mi vida*, queriendo dar a entender que su vida había sido como uno de esos cuentos eternos en que el más pobre y humilde termina por recibir el reconocimiento y el cariño de todos. Pero ¿qué queremos dar a entender cuando decimos que la vida de alguien ha sido como un cuento? Supongo que algo tan sencillo como que la vida es extraordinaria. No importan las dificultades y tristezas a las que tendremos que enfrentarnos, el mensaje de todos los cuentos es que la vida merece la pena. Puede que cuando la miramos desde trances tan amargos como la pérdida y el fracaso, nos parezca un engaño, pero, mientras dura, la vida es extraordinaria e irreal, como lo son los dulces recuerdos que ciertos cuentos maravillosos logran dejar en nosotros. Y Andersen es uno de los autores en los que late de una forma más decisiva esta visión a la vez trágica y luminosa de la vida.

Es cierto que la mayoría de sus cuentos, al menos de los más conocidos y personales, terminan mal, incluso rematadamente mal, pero eso no evita que al leerlos nos veamos arrebatados por un goce tan inesperado como el que el patito feo debió de sentir al encontrarse en su huida con la bandada de los cisnes. Si Andersen tuviera un escudo de armas, como los que tenían los antiguos nobles, en él aparecería sin duda la figura de un cisne, que es una criatura doble. Su cuerpo redondeado y sedoso lo vincula a la vida y a la realización suprema de nuestros deseos, pero su canto lo vincula a la muerte, pues nunca es más hermoso que en ese momento. Según Juan Eduardo Cirlot, el cisne es uno de los símbolos esenciales del viaje místico al ultramundo. Así como el caballo es el animal solar diurno, el cisne es el que tira de la barca del dios Sol a través de las olas durante la noche. En la leyenda de Lohengrin es el ave que arrastra la barca del caballero, es decir, el que comunica el mundo de los vivos y el de los muertos. Por eso, los cisnes que aparecen en la última escena de *El patito feo*, en mi opinión, representan a la muerte, y el hecho de que nuestro pobre patito se vea arrebatado por ellos sólo puede significar que finalmente deja de sufrir para ascender al mundo del ideal. Un final, por otra parte, que no deja de repetirse en la obra de Andersen, y pienso en cuentos tan significativos como *La sirenita* o *La pequeña cerillera* cuya última apelación a esa vida más allá de la muerte, que —en el caso de *La pequeña cerillera* se confunde con el cielo cristiano y en el de *La sirenita* con el mundo natural— apenas puede ocultar la profunda tristeza que nos produce el fracaso de sus pequeños y leales protagonistas.

Es una paradoja pues pocos autores han conocido en vida un éxito más absoluto que Andersen: el niño, hijo de un zapatero, que llega a Copenhague a los catorce años y que después de años de hambre logra, con la ayuda de su gran tesón, abrirse un espacio en el mundo literario danés a través de sus novelas y dramas, muy pronto se transforma en un escritor archifamoso. Pero ese escritor que, gracias a sus cuentos de hadas, recibe honores donde quiera que va, que fue amigo de reyes y de grandes personajes de su tiempo, que viaja con libertad absoluta por todos los rincones del mundo, transformado en embajador de sus propias historias, unas historias que tienen el poder de conmover a las personas como pocas veces lo han hecho otras historias, ese escritor no dejará de sentirse nunca como el patito feo de su cuento: un ser excluido, solitario, sin amor.

Cuando murió, a los setenta años, estaba en la cúspide de su fama, mas siempre se sintió descontento con su suerte. No tuvo éxito como autor dramático y gritaba como un niño cuando volvía a fracasar otra de sus piezas teatrales, y sus novelas para adultos, con las que pretendía alcanzar la inmortalidad, nunca fueron apreciadas por nadie. El hijo de pobres fue a hoteles de lujo internacionales y fue festejado y mimado como un héroe nacional en los castillos daneses, pero sólo conoció la ausencia de una dicha humana. Soltero, sin amor ni patria, sus viajes eran una huida de su soledad. A pesar de su fama se sentía como un paria, y las fiestas espectaculares que se organizaban en su honor no hacían sino revelarle su terrible abandono.

El patito feo sólo se convirtió en cisne en el cuento; en la realidad siguió siendo "la figura alargada, desaliñada, encorvada como la de un lémur, con una cara excepcionalmente fea" que evoca Hebbel en uno de sus escritos.

Pero ¿quién era en realidad Andersen, y cuál fue la causa de su desdicha? Se ha hablado de una homosexualidad no asumida, que lo llevaba a viajar sin descanso en busca de bellos muchachos a los que amar en silencio; se ha hablado del profundo infantilismo en sus relaciones afectivas y de su terrible fealdad; el caso es que su vida sentimental fue un completo desastre y según parece nunca consiguió ser amado por nadie. La cantante Jenny Lind, su amiga, lo dejó plantado como a un escolar cuando le declaró su amor, y se cuenta que en el momento de su muerte llevaba sobre el pecho una bolsa de cuero que contenía una carta de un amor de juventud, una carta cuyo contenido nunca sabremos pues hubo que quemarla sin leerla, conforme a su testamento. La única carta de amor que había recibido, y que no había contestado, equivocadamente, valía para él más que todos los laureles.

En el mundo de la literatura no es infrecuente esta relación entre sufrimiento y creación. Voltaire, Hoffman, Leopardi y Verlaine se distinguieron por su fealdad. Leopardi era prácticamente un jorobado, Hoffman se comparaba a sí mismo con un gnomo, Conrad poseía un cuerpo hinchado y amorfo, el orgulloso Keats era un enano que apenas llegaba a cinco pies de altura, y Shakespeare fue un hombre tullido, feo y despreciado. Kierkegaard, contemporáneo de Andersen, afirmó que la deformidad física tiene algo de demoniaco y pone al ser humano terriblemente cerca del mal. Para poder vivir, todos estos escritores se refugiaron en un mundo imaginario, y todos experimentaron el dolor de sentirse desterrados entre los humanos. Pero, a cambio, obtuvieron algo semejante a un don. En el mundo antiguo, la enfermedad era algo natural entre los videntes y profetas. Moisés era tardo en el habla y torpe de lengua, Virgilio tuvo que renunciar a ser orador y se refugió en sus escritos, y Corneille debió abandonar la carrera de abogado por sus problemas de dicción. Todos ellos, como el príncipe más pequeño del cuento *Los cisnes salvajes*, tuvieron un ala de cisne, un ala que era a la vez el signo de su excelencia y el de su exclusión social, que al tiempo que los condenaba a la deformidad los transformaba en elegidos. Jacob, que lucha con un ángel y se lastima la cadera, es el amado de Dios; y el canto de Orfeo nunca será más hermoso que tras la pérdida de Eurídice. Lo inconsolable de la pérdida dará a ese canto un poder desconocido que hará que quien lo escuche no pueda olvidarlo jamás. Eso nos pasa con los cuentos de Andersen, que una vez que los hayamos leído permaneceremos eternamente bajo su hechizo.

Hace dos años, en un viaje por los países del norte de Europa con mi familia, nos detuvimos en Odense, la patria de Andersen. Allí, en un barrio de casas que parecen de juguete, hay un museo dedicado a él, donde pueden verse sus libros, sus cuadernos y sus objetos. Acompañados de decenas de turistas y de numerosos niños, recorrimos las sucesivas salas de la casa contemplando aquel mundo de objetos y pequeños entretenimientos que habían formado parte de su vida. Allí estaba el delicado ajuar que dedicó a su amada, la cantante sueca Jenny Lind. Andersen suspiraba por ella e, incapaz de conseguir que le hiciera el menor caso, concebía durante las noches preciosos trajes que, después de dibujar minuciosamente, recortaba para vestirla a su antojo en su fantasía, pues ése era el poder de Andersen: recobrar en su imaginación lo perdido en el mundo exterior. Y allí estaban sus muebles y algunas de sus prendas de vestir, como su sombrero de copa y su bastón. También, muchas de las numerosas traducciones que se han hecho de sus cuentos a todas las lenguas del mundo, pues sus cuentos son sin duda una de las obras más traducidas de la literatura universal. Y, sin embargo, todo estaba lleno de una profunda melancolía y de una dolorosa sensación de fracaso. Como si en cualquier momento el mismo Andersen pudiera aparecer para decirnos: "Cometí el mayor de los pecados, nunca fui feliz". Esta frase, que otro escritor universal, Jorge Luis Borges, escribiría un siglo después, podría resumir la vida y la obra de Hans Christian Andersen. Pero ¿cómo era posible que el hombre que había escrito algunas de las historias más hermosas que se han concebido en la Tierra fuera excluido de la felicidad que él mismo haría aparecer tantas veces en el corazón de sus lectores, con sus palabras e imágenes? No es tan extraño sobre todo cuando, leyendo sus cuentos, nos damos cuenta de que sus personajes raras veces fueron felices. ¿Tal vez por eso son inolvidables, por todo lo que sufrieron? La mayor parte de las historias que merecen la pena nos conmueven precisamente por su tristeza. Augusto Monterroso dijo que la literatura aspira a representar la totalidad de la vida, y puesto que la vida es triste, la literatura, la gran literatura, lo tenía que ser.

Pero también aquí hay diferencias, ya que hay obras que son tristes a su pesar, porque lo que cuentan lo es y no quieren renunciar a reflejarlo, y hay obras que lo son por vocación, ya que parecen haber surgido para enfrentarse a ese enigma, el de la tristeza. La obra de Andersen pertenece a ese segundo grupo, y la razón de su éxito arrollador, de su indiscutible poder de seducción, me atrevo a pensar que se debe precisamente a eso. En realidad, a todos nos gusta la tristeza, que es un sentimiento que tiene que ver con la separación. Puede que su primer patrón esté en los primeros años de la vida, cuando el recién nacido descubre que su madre no siempre va a estar a su lado cuando la necesita, y que la tristeza no sea sino un sentimiento que lo prepara para que cuando ese momento llegue no lo agarre desprevenido. Todos los cuentos empiezan con alguien que se queda solo. El reino de los cuentos es el reino de la soledad y de la exclusión. Si el patito feo hubiera sido aceptado por sus hermanos y su madre y, siguiendo su ejemplo, los otros animales lo hubieran considerado como un miembro más de la granja y no se hubieran mofado de él, no habría existido el cuento. Como no existiría el cuento de *La sirenita*, si al abandonar el reino sumergido al que pertenecía, su protagonista se hubiera transformado sin mayores problemas en una muchacha normal y corriente; o el cuento de *Pulgarcita* si la pequeña niña no hubiera sido arrebatada a su madre por un feo sapo; o *Los cisnes salvajes* si la princesa Elisa y sus hermanos transformados en cisnes no hubieran sido expulsados de su reino por las maquinaciones de su perversa madrastra. En realidad, todos estos personajes buscan denodadamente el amor y no logran encontrarlo. Ésa es la enseñanza de los cuentos de Andersen: que la vida sólo merece le pena si hay amor, y que éste no consiste en pedir sino en dar.

Por eso, ni a la princesa Elisa ni a la sirenita les importa su sufrimiento. Elisa tendrá que tejer camisas de ortigas con sus propias manos, para salvar a sus hermanos, y a la sirenita el simple hecho de andar le causará un dolor tan insoportable que apenas podrá mantenerse en pie. Por si esto no fuera suficiente, ninguna de las dos podrá hablar mientras lleva a cabo su misión. Es decir, tienen que abstenerse de pedir. En los cuentos es frecuente la idea de que sólo a través del esfuerzo y del sacrificio, sólo a través de lo más difícil se pueden conseguir las cosas. Pero aquí se va más lejos y no se pide que se haga algo sino que se deje de hacer. Como si la abstención pura, la entrega absoluta, fuera la condición del amor. Y ése es el tipo de tristeza que aparece en los cuentos de Andersen. Por eso nos gusta escucharlos. No se trata de que nos guste sufrir como de que también nosotros, como le pasa a la sirenita, queremos tener un alma inmortal. Y algo nos dice que la tristeza, que tanto tiene que ver con la no acción aconsejada por el pensamiento oriental, es la forma de conseguirla.

A algo así es a lo que se refiere Simone Weil cuando, al analizar el cuento de los cines, en la versión que de él hacen los hermanos Grimm, escribe: "Actuar nunca es difícil: siempre estamos actuando en exceso y dispersándonos incesantemente en actos desordenados. Hacer seis camisas de ortigas y estar callados: ése es nuestro único medio de adquirir poder". Eso es la tristeza en los cuentos de Andersen, una forma de conseguir poder. William Faulkner, en una de sus novelas, hizo decir a un personaje: "Entre la nada y la pena, elijo la pena". Y eso hacen todos los grandes personajes de Andersen, elegir la pena. En realidad, se entregan a ella como si fuera la más dulce y extraña de las aventuras, una aventura que sin embargo tiene que ver con la muerte.

Los hermanos Grimm tienen una versión del cuento de los cisnes, que sin duda Andersen conocía. Ellos titularon su cuento *Los seis cisnes*, mientras que Andersen tituló el suyo *Los cisnes salvajes*. Las diferencias entre ambas versiones son mínimas, aunque el cuento de Andersen triplique en extensión el de sus antecesores. Andersen, fiel a sí mismo y a su estilo, dedica parte de estas páginas a describir con un morboso y profundo pormenor las tribulaciones de la princesa Elisa y todos los sufrimientos que tiene que pasar para lograr su objetivo. Era inevitable que fuera así, pues el mundo de Andersen, como hemos visto, es el mundo de la tristeza sin cuento. Pero hay dos diferencias entre ambas versiones que no pueden pasarse por alto. La más visible y significativa se refiere al material del que tendrá que servirse la princesa Elisa para tejer las camisas que lograrán neutralizar el hechizo. En el cuento de los hermanos Grimm se trata de las anémonas del bosque; en el de Andersen, de las ortigas que crecen entre las tumbas del cementerio. La tarea de tejer unas camisitas con flores remite a esas tareas imposibles que tanto abundan en los cuentos, pero hacerlo con ortigas supone añadir a la imposibilidad de la propuesta la idea del dolor. Algo así como si nos dijeran que no sólo nos será imposible cumplir con lo que se nos pide, sino que intentarlo nos resultará sumamente doloroso. Y, en efecto, las ortigas harán que los dedos y las manos de la princesa se llenen de ampollas, y que luego sean las plantas de sus pies las que sufran las consecuencias de su ardiente contacto, pues sólo machacándolas con los pies desnudos podrá Elisa obtener la fibra que necesita para tejer sus camisas. Es un tema muy querido para Andersen, el del dolor que se localiza en los pies. Lo padece Elisa en *Los cisnes salvajes* y lo sufre la sirenita, cuya cola de pescado sólo podrá dar lugar a unas piernas de muchacha a través del dolor terrible que le cuesta desplazarse. También en *Las zapatillas rojas* a su protagonista tendrán que cortarle los pies para que cese su loca danza. El pie ha sido visto como símbolo del alma, acaso por ser el soporte del cuerpo, lo que sujeta al humano en su posición erecta. En las leyendas griegas, por ejemplo, la cojera significa una deformación anímica, una falla esencial del espíritu. Pero también suele tener un significado funerario, ya que el difunto, al abandonar el mundo de los vivos, nos deja sus últimas huellas. Y éste es el significado de los cisnes. Los príncipes transformados en estas aves abandonan el mundo y la princesita conseguirá su regreso con su perseverancia. De hecho, en el cuento de Andersen, cuando se produce el hechizo, la malvada bruja exclama: "¡Id volando por el mundo y ocupaos de vosotros mismos! Volad como grandes pájaros sin voz!" Una criatura que no tiene voz, que no puede comunicarse con nadie, ¿no es la figuración de la muerte? Al hablar de *El patito feo* ya aventuré que la transformación última de su pequeño protagonista en un hermoso cisne podría simbolizar su muerte, y es también lo que pasa en *Los cisnes salvajes,* donde el hechizo que transforma a los príncipes en cisnes supone su exclusión del mundo de los vivos. Pero el ave que carece de voz emite en el momento de su muerte un canto hermosísimo que es la máxima expresión de la belleza en el mundo. Es uno de los temas preferidos de Andersen, en cuyos cuentos la belleza siempre está cerca de la muerte. Una buena parte de sus cuentos más queridos terminan con la muerte de sus protagonistas. Muere la sirenita, muere el soldadito de plomo, muere el abeto y muere la pequeña cerillera y hasta la misma Pulgarcita se puede considerar que muere, ya que nunca regresará con su madre y pasará a formar parte del mundo de las flores y de las fuerzas naturales. Es como si sobre todos ellos pesara una maldición, la maldición de los seres a los que un exceso de belleza y pureza destina al infortunio.

Andersen escribió también un cuento en el que una madre tiene que enfrentarse a todo tipo de pruebas para poder arrancar a su hijito de los brazos de la muerte, representada por un anciano que llama a su casa pidiendo cobijo y que, aprovechando un descuido, le arrebata a su hijito recién nacido. El cuento se titula *Historia de una madre* y tiene uno de los finales más pavorosos de la literatura universal, pues la madre, superadas todas las pruebas, renunciará finalmente a salvar a su hijito por el temor a que al crecer pueda transformarse en un ser malvado. Toda la literatura, todos los cuentos que existen son escuchados por los seres humanos para luchar contra la muerte, aunque en la mayoría de ellos la muerte sea finalmente más lista que ninguno y termine imponiendo su oscura ley.

Pero la muerte es también un desafío y también han sido muchas las leyendas e historias en que los hombres han tratado de penetrar en sus misterios. Ulises descendió a su reino de sombras, y también lo hizo Orfeo, tratando de liberar a su amada Eurídice con la sola fuerza de su canto. Es decir, la muerte figura en muchos relatos como la aventura más decisiva en el deambular de los héroes, aquella en la que se pondrá a prueba su verdadero valor.

"Morir será una gran aventura", exclama Peter Pan cuando le advierten de los riesgos que puede correr si responde a la provocación del capitán Garfio, que sin duda le ha tendido una trampa. Y, en cierta forma, claro que es una gran aventura, tal vez la más reveladora e impredecible de todas. Ninguna historia que merezca la pena puede excluirla. Walter Benjamin afirmó que el narrador siempre habla con la autoridad de la muerte, y en un cuento poco conocido de Andersen, *Pegaojos*, un extraño personaje va recogiendo en su caballo a chicos y mayores, a los que, según la bondad o maldad de sus actos, sitúa en la parte delantera o trasera de su montura. A estos últimos les cuenta historias que les ponen los pelos de punta, pero ellos no pueden desmontarse a pesar del terror que les causan porque es como si estuvieran clavados en la montura. "Pues entonces —exclama uno de los niños— la muerte es el mejor pegaojos! Yo no le tengo miedo."

Y en verdad los narradores deberían estar agradecidos con la muerte pues, ¿qué contarían sin ella? Aún más, ¿cómo conseguirían mantener la atención de quienes los escuchan? Ninguna historia de verdad interesante puede prescindir de la muerte, como ninguna historia que aspire a conmovernos puede prescindir del amor. El cineasta estadounidense Quentin Tarantino dijo en una entrevista que si la violencia se utiliza tanto en el cine es por su inequívoca capacidad de seducción. "Cuando la cámara se inventó, se inventó para ver matar y para ver besar". Lo que es lo mismo que decir que todas las historias que merecen la pena se cuentan para aproximarnos a los misterios del amor y de la muerte, pues el amor y la muerte son los materiales con los que tejemos las camisas que nos devuelven nuestra condición humana. La misión del narrador, parece decirnos Andersen, sólo puede consistir en depositar en el mundo una verdad que únicamente pertenece al alma. Ésa será la búsqueda de la sirenita, tener un alma inmortal. Para conseguirla abandonará su mundo sumergido, hecho de alegre inconsciencia, y se enfrentará a experiencias terribles. Pero ¿para qué queremos tener un alma? Es bien sencillo: para conocer los misterios dulces y terribles del amor. Pero el amor es hermano de la muerte, y aspirar a él es tener que asumir la turbadora evidencia de su vulnerabilidad. Ésa es la gran paradoja, que cuanto más amamos algo, más frágil nos resulta, y nos parece más cerca de la muerte.

En realidad, en los cuentos de Andersen lo extraordinario raras veces aparece vinculado a lo fabuloso. Su mundo es casi siempre el más cotidiano y común, e incluso cuando sus personajes proceden del mito o de la fábula, como pasa en *La sirenita*, su obsesión no es llevarnos al mundo del que proceden sino narrar sus esfuerzos para ingresar en el mundo en que vivimos nosotros. La madre de Pulgarcita le construye a ésta una cama con una cáscara de nuez bellamente lacada, su colchón está hecho de pétalos de violeta y su colcha es un pétalo de rosa; durante el día la niña juega encima de la mesa, donde ha dispuesto para ella una vasija llena de agua. Un gran pétalo de tulipán hace de barca y dos pelos de caballo, de remos. Todas esas cosas proceden del entorno más inmediato y, bien mirado, pertenecen al mismo mundo común del que toman todas las madres lo que necesitan para alegrar la vida de sus hijos. Claro que lo común en los cuentos de Andersen, como por otra parte también pasa en ese mundo de los niños pequeños y de los adultos que los cuidan, no está reñido con lo maravilloso, como bien lo demuestra el hallazgo de esa niña tan diminuta y encantadora. Pero no sólo Pulgarcita se nos revela extraordinaria, en este caso por su tamaño, aunque proceda de un vulgar grano de cebada, sino que en los cuentos de Andersen es frecuente que los animales y los objetos más familiares lo hagan y tengan alegrías y padecimientos. Es lo que pasa en *El soldadito de plomo*, donde un soldado al que le falta una pierna y una bailarina de papel vivirán de noche, cuando todos duermen, una hermosa y desagraciada historia de amor, o en *La maleta voladora*, donde una marmita de hierro, una olla de barro, un cubo de agua, varios platos, una escoba, una tetera y un puñado de fósforos compiten entre ellos para ver quién tiene la mejor historia que contar.

Un cuento popular muy sabio y antiguo cuenta la historia de un hombre que busca por todos lados un tesoro sin precio —una flor azul o una seta mágica—, tan sólo para descubrir al regresar de sus viajes que ese tesoro ha estado siempre en el umbral de su casa. No es infrecuente que nos pase algo así. Buscamos esa flor soñada en lugares remotos, viajes sorprendentes y extraños, experiencias apresuradas, y de pronto la descubrimos temblando junto a la ventana de nuestra cocina, con los pétalos empapados de leche. Estaba allí, a nuestro lado, y no lo sabíamos. Y lo raro es que una vez hallada no sabremos qué hacer con ella, pues su naturaleza es estar de más. Pero entonces ¿por qué habría de sernos tan preciosa? El poeta William Carlos Williams se refirió a esas flores que de forma inesperada nos entregan los sueños. Flores imaginarias, pero que actúan sobre la realidad, puentes instantáneos entre el ser humano y las cosas. Así es la flor que nace de ese granito de cebada, y en la que la mujer del cuento de Andersen encontrará, al besarla, a la niña diminuta que cambiará su vida. Aunque enseguida la pierda, porque un feo sapo la verá por la ventana y querrá llevársela a su país hediondo y oleaginoso para hacerla su esposa. Bueno, ésa es la maldición de Andersen: no hay forma de conservar lo que amamos. O dicho en otras palabras, los cuentos nos enseñan que amar es dejar ir.

Andersen tiene un cuento inspirado en *La bella durmiente*. Se titula *El jardín del Edén* y en él un príncipe lee y lee sin descanso tratando de encontrar un libro que le indique dónde se encuentra el jardín del paraíso. Decepcionado por su fracaso, decide abandonar su palacio y ponerse en camino en busca de ese lugar soñado. En el cuento se suceden las peripecias hasta que finalmente logra que un hada le dé noticias de ese lugar. Podrá visitarlo y quedarse en él para siempre, le advierte entonces el hada, pero sólo si hace lo que ella le diga. En ese jardín hay una sala donde florece el árbol del bien y del mal, y bajo sus aromáticas ramas colgantes duerme una hermosa muchacha que sonreirá cuando él se acerque, pero si, vencido por la tentación, deposita un solo beso en su boca el paraíso se hundirá en la tierra y lo perderá. Y, en efecto, es así como sucede. El príncipe encuentra ese lugar, pasea maravillado por sus caminos, extasiándose ante sus inagotables delicias, y finalmente encuentra a la muchacha dormida y, a pesar de todas las advertencias, no puede evitar besarla, momento en que todo lo pierde. A los hermanos Grimm jamás se les habría ocurrido terminar así un cuento, pues lo que dicta el sentido común si nos encontramos con una muchacha dormida, es tratar de despertarla con un beso. De hecho, en *La bella durmiente* el beso del príncipe es dador de vida. La princesa se despierta en brazos de su salvador y ambos regresan al mundo que despierta con ellos. Para Andersen ese beso significa morir, aunque sea inevitable que lo demos.

Es lo mismo que hace Eva, en el Génesis. Yahvé le ha prohibido probar la fruta del árbol del bien y del mal y ella, como buen personaje de cuento, no puede evitar hacerlo y es expulsada de ese lugar eternamente igual a sí mismo que es el paraíso. Se trata de una paradoja, pues la misma idea del paraíso parece exigir la existencia de un fruto prohibido que no podemos tocar, un fruto que, precisamente por esa prohibición, se transforma en el más deseable de todos. Lo que mejor define al paraíso es precisamente lo que le niega. Es una de las reglas de todos los cuentos: que nuestros deseos sólo se pueden cumplir si nos atenemos a ciertas condiciones. Chesterton la llamó la Doctrina del Gozo Condicional. En el mundo de las hadas "todas las cosas enormes y delicadas que se nos conceden dependen de una sola y diminuta cosa que se nos prohíbe o se nos exige". En los cuentos de Andersen se multiplican los ejemplos. En *Los cisnes salvajes* la protagonista sólo logrará salvar a sus hermanos y devolverles la figura humana si teje para ellos, con sus propios dedos, una camisa de ortigas; el príncipe de *El jardín del Edén sólo* podrá permanecer en el paraíso si no besa a la muchacha dormida y la sirenita *sólo* se transformará en una muchacha, y podrá tener por ello un alma inmortal, si renuncia a su canto. Pero donde hay una prohibición surge inmediatamente el deseo de transgredirla. Aún más, para que exista el cuento, debe existir ese desafío. Los personajes de los cuentos casi nunca hacen lo que deben hacer y gracias a ello logran tener una vida lo suficientemente interesante como para que alguien quiera escuchar su historia. La diferencia de Andersen respecto de otros grandes narradores de cuentos es que en él ese desafío, como pasa en *El jardín del Edén*, suele conducir a la muerte. Los cuentos hablan siempre de nuestros deseos, pero el problema es que no sabemos exactamente lo que queremos cuando deseamos algo, y que tratar de cumplir esos deseos nos lleva a la infelicidad, como bien se muestra en *Los chanclos de la felicidad*, un cuento reiterativo y no demasiado inspirado pero que muestra hasta qué punto santa Teresa estaba en lo cierto cuando escribió que "se derraman más lágrimas por plegarias atendidas que por las no atendidas".

Ese tema del deseo que por cumplirse nos hace desdichados es también el tema de *La sirenita*, que es sin duda el cuento más hermoso de Andersen. En él una pobre sirena pasa todo tipo de vicisitudes para conseguir el amor de un príncipe que apenas repara en su insignificancia. Éste es el tema central de la obra de Andersen: el del ser diferente que anhela ser aceptado por su comunidad pero que está condenado a un destino de exclusión y de soledad.

Pero ¿esa figura no nos representa a todos los seres humanos? Todos sentimos dentro de nosotros algo delicado y esquivo que no logramos hacer real, todos somos torpes e incapaces de llevarlo a cabo, todos creemos ser portadores de algo valioso a lo que no se presta la debida atención. Creo que fue Walter Benjamin quien dijo que la misión del narrador no es revelar ese secreto sino hacerle justicia, y en ese sentido el arte de Andersen es un arte supremo, ya que todos sus grandes cuentos hablan de esa justicia. Pero también fue Benjamin quien dijo que la felicidad es poder percibirse a uno mismo sin temor, y en ese sentido en los cuentos de Andersen raras veces aparece el sentimiento de la felicidad. En realidad, todos sus personajes están tullidos, son extraños o mutilados, están incompletos y llenos de temores. El patito feo es un ser deforme, la sirenita ha perdido la voz y apenas puede andar, al soldadito de plomo le falta una pierna, el abeto ha sido arrancado del bosque. La protagonista de *Los cisnes salvajes* no puede hablar y tiene las manos deformadas por las ortigas, la niña de *Las zapatillas rojas* pierde sus dos pies. Todos anhelan lo que no pueden tener, todos se sienten insignificantes e incomprendidos, todos padecen un desvelo eterno a consecuencia de esa naturaleza distinta que a la vez los condena y los vuelve sensibles y delicados. Puede que el tema de la exclusión sea el gran tema de la obra de Andersen. Se repite obsesivamente en gran parte de sus cuentos, dando lugar a toda una serie de personajes tan sufrientes y frágiles como llenos de un irresistible encanto. Esto último es sumamente importante. Estos personajes dan una pena enorme pero a la vez nos conmueven porque son dueños de algo único, algo que en la mayoría de los casos ellos son los primeros en desconocer. Pertenecen a lo que podríamos llamar, recordando el famoso cuento de la princesa que no puede dormir, la Hermandad del Guisante. En este cuento, una muchacha desarrapada llega por la noche a un palacio afirmando que es una princesa. Como no saben si está diciendo la verdad, deciden esconder bajo los colchones de su cama un pequeño guisante. A la mañana siguiente la muchacha se levanta con el cuerpo molido y unas grandes ojeras que demuestran que apenas ha podido dormir en toda la noche, por lo que nadie duda que se trata de una princesa de verdad. El príncipe heredero pide su mano, y todos celebran alborozados que el destino la haya conducido hasta allí en una noche de tormenta. Y ha sido el guisante el que les ha permitido descubrir su verdadera naturaleza. El guisante nos hace ver. Es, pues, una señal, la prueba de su excelencia, de su pertenencia a otro mundo. Pero la princesa no aparece dueña de poderes cautivadores, llega sucia, manchada por el barro y la lluvia, y a causa del dichoso guisante no puede pegar ojo en toda la noche. Es decir, es su desvelo el que demuestra que es una princesa de verdad. A los personajes de Andersen con frecuencia les pasan estas cosas. No pueden descansar, dan vueltas y más vueltas en la cama, su lucha es cómo defenderse de la angustia. La sirenita es una desvelada, pero también lo es el patito feo, o el soldadito de plomo. Todos quieren ser otra cosa, todos sienten nostalgia de su verdadero ser. Ana María Matute tituló "Ala de cisne" a su hermoso prólogo a los cuentos de Andersen, como queriendo dar a entender que el personaje del pequeño de los príncipes es el vivo retrato del escritor danés. Y es cierto que el ala de cisne supone una terrible deformidad, pero no lo es menos que es el signo de su pertenencia a esa hermandad de eternos desvelados que es la Hermandad del Guisante. Gracias al ala de cisne se conserva en el mundo la memoria de esas otras criaturas que fueron los príncipes durante su exilio, la memoria de su vuelo sobre el mar, de los hermosos acantilados y de los remotos bosques en que vivieron.

Todos los personajes de Andersen viven bajo la influencia de ese guisante, de esa ala de cisne, que los hace diferentes y extraños, casi siempre para su propia desgracia. Ese desvelo eterno hace que siempre estén buscando una salida, una vía para escapar. Tal vez por eso sus cuentos, como medio siglo después pasará en los de Kafka, están poblados de seres y objetos minúsculos que fácilmente pasan inadvertidos. La pequeña Ida, el patito feo, la sirenita, el soldadito de plomo, Pulgarcita, pero también todo un mundo de objetos y animales minúsculos —sapos, ruiseñores, topos, golondrinas— dan cuenta de esta obsesión de Andersen por las cosas y los seres pequeños, como si el tamaño tuviera para él una relación inversamente proporcional a su importancia. Funciona aquí la ética de la inversión propia de los cuentos, en los que lo más pequeño —como pasa con el guisante o el grano de cebada del que nacerá Pulgarcita, o con esos granos de trigo en los que los judíos escriben oraciones completas— guarda la forma concentrada del *Todo*. Pulgarcita es la heroína esencial de ese mundo minúsculo. Secuestrada por el sapo, su historia será la historia de un viaje sin regreso. Es algo que suele suceder en Andersen, donde los personajes raras veces vuelven a casa. Lo hacen Gerda y Kay, los niños protagonistas de *La reina de las nieves*, pero se trata de una excepción. Pulgarcita, el soldadito de plomo, el patito feo, la sirenita, el príncipe de *El jardín del Edén*, el abeto y tantos otros inician un viaje que termina con la muerte. La sirenita se ve movida a abandonar su reino submarino e iniciar un viaje imposible hacia el mundo de los humanos, en el que apenas será poco más que un amable animal de compañía. Andersen va aquí más lejos que nunca al presentar la exclusión no como un producto del azar, sino como el resultado de una elección. Es decir, que así como el patito feo o Pulgarcita no eligen de forma voluntaria ese destino de marginación, la Sirenita no duda en buscarlo apasionadamente. Ella quiere abandonar su reino sumergido, para tener un alma hecha a la medida del amor que siente por el apuesto príncipe al que salvó de las aguas.

En ese viaje familiar del que antes hablé visitamos en Copenhague la estatua de la Sirenita, y nos sorprendió lo pequeña que era. Situada en el viejo fuerte del puerto, dentro del parque de Kastellet, permanecía posada sobre la piedra con una expresión de inequívoca melancolía. "Ya lo veis —parecía decirnos—, me equivoqué en todo". Decenas de turistas se acercaban a ella y se hacían fotos a su lado, en medio de un silencio y un fervor casi religioso, y recuerdo lo extraño que nos pareció que un ser de ficción llegara a provocar ese interés en todos los que se acercaban, como si fuera una criatura de sus propios sueños. No es difícil saber por qué suscita ese interés, ya que probablemente la Sirenita es la representación más pura del amor y de todos los sufrimientos que ocasiona, y no hay ser humano que desde la más corta edad no se vea expuesto a esos sufrimientos. El que ama se ve arrancado de su propio mundo y forzado a un viaje muchas veces sin regreso, un viaje y una aventura que le obligarán a mudar de naturaleza. Sí, eso viene a decirnos el amor. Tienes que encontrar las palabras, los gestos, un cuerpo nuevo hecho a la medida de lo que quieres. El amor es el instante del extrañamiento, el instante en que tenemos que acoger en nuestra vida el ser del otro. No habría problemas si aquel o aquella a quien amamos respondiera a esas expectativas. Pero, ¿y si no lo hace? Es lo que pasa en este cuento, en

que la pobre sirenita asiste impotente a la búsqueda de la
muchacha equivocada por parte del príncipe, sin saber
que había sido ella la que lo había salvado de la muerte.
No hay soledad más grande que la suya, puesto que al
carecer de voz no puede explicar al príncipe que el rostro
que contempló en la playa no era el rostro de su salvadora,
sino el de una muchacha cualquiera que se había acercado
a curiosear. El rostro de aquella que ha ocupado su lugar
en la historia. No hay por eso criatura más sublimemente
triste que la sirenita. Más sola y desesperanzada que Julieta,
que Isolda, Dido o Eloísa, más dolorida y triste que todas
las grandes amantes vencidas de la historia universal. Ellas
al menos pueden hablar, contar al mundo lo que les pasa, y
dejar en la memoria de las personas el triste rosario de sus
palabras. Pero la sirenita no puede, ya que ha tenido que
renunciar a su propia voz para poder transformarse en una
muchacha. Sólo hay un caso como el de ella en el mundo
del mito, el de la ninfa Eco, que acostumbraba entretener
a Hera con su charla. Zeus aprovechaba para entregarse a
sus aventuras amorosas, y cuando Hera lo descubre, con-
vencida de que Eco es su cómplice, la condena a repetir
todo cuanto oye negándole la posibilidad de hablar por sí
misma. Y es entonces cuando Eco se encuentra con Narciso. Lo ve llegar cada día al arroyo y quedarse absorto en
la contemplación de la imagen que se refleja en la super-
ficie del agua, y muy pronto se enamora de él. Todos los
días, al atardecer, espera esa visita, para contemplarlo en
secreto. Pero un día Narciso la oye entre los matorrales.
No ha llegado a verla y le pregunta quién es. Eco quiere
responder, decirle que es ella, la ninfa Eco, y que lleva días
observándolo en secreto, pero todo lo que logra es repetir

la pregunta de Narciso. Narciso vuelve a preguntar, y ella se limita a repetir sus palabras, pues aunque arde en deseos de decirle lo que siente está condenada a ser sólo su eco. Es la gran paradoja del amor, que es a la vez el momento de mayor intimidad, de mayor ahondamiento en el ser propio y el de mayor enajenación, puesto que nos hace depender trágicamente de los seres a los que amamos, hasta el punto de transformarnos en una sombra de ellos. "Yo soy tú mismo", es lo que dicen todos los amantes del mundo. La sirenita quiere hacerse digna del muchacho al que ha salvado de la muerte pero, según la ley básica de los cuentos, hay que pagar un precio para que se cumplan nuestros deseos. Y con el alma que busca entra en ella la conciencia de la muerte, y es eso lo que la desvela. Por eso pertenece a la Hermandad del Guisante. Escribe Andersen:

> En el castillo del príncipe, mientras los demás dormían, ella salía a la amplia escalera de mármol, para refrescar sus ardientes pies en agua fría del mar, y entonces pensaba en los que vivían allá abajo, en las profundidades.

Ella añora el mundo veloz y libre que ha abandonado, pero sabe que no puede volver a él porque su vida está ahora al lado del muchacho al que ama, aunque éste apenas repare en ella. Por eso no puede dormir, porque ha descubierto que tener un alma significa anhelar precisamente lo que nunca podrá ser nuestro. Ninguna historia ha contado mejor la imposibilidad de conciliar sueño y realidad que este cuento delicado y terrible, que contiene sin duda la verdadera autobiografía de su autor. Hans Christian Andersen, el hombre que llegó a ser el más conocido de la Tierra, y al que reyes y príncipes rendían pleitesía, al final de su vida se sentía tan desnudo como el emperador de su cuento *El traje nuevo del emperador*. Porque, bien mirado, ¿qué es un cuento sino un traje hecho de palabras? Su misión es revelar la verdad. Para eso existen los cuentos, para vernos desnudos. Los cuentos de Andersen, como los trajes del emperador más melancólico, nos piden que no desdeñemos la tristeza, ya que en ella se guarda la memoria de esa vida que tal vez merecimos pero que no pudimos alcanzar. Eso fue la tristeza para él: la memoria de lo que nunca vivimos ni probablemente viviremos nunca. La historia más hermosa.

# La literatura como fascinación

HAY UN PASAJE DE *LA BELLA DURMIENTE*, el cuento de los hermanos Grimm, que suele pasar inadvertido a los lectores apresurados. Por él descubrimos que el príncipe que con un dulce beso despierta a la bella Zarzarrosa no ha sido el primero en adentrarse en el bosque en busca del castillo encantado. Otros príncipes han intentado lo mismo, pero han fracasado en su intento al no haberse cumplido los cien años de la maldición. Los hermanos Grimm cuentan de esta forma lo que pasó:

> En torno al castillo creció un seto de escaramujos que cada año se hacía más alto, acabando, finalmente, por cercar todo el palacio y cubrirlo con su espesura, de tal forma que nada de él podía verse, ni siquiera la bandera en la torre. Y por todo el país se extendió la leyenda de *Zarzarrosa, la bella durmiente*, que así fue llamada la princesa; y, de tiempo en tiempo, llegaban príncipes que querían penetrar en el palacio atravesando el seto. Pero no les era posible, pues las espinas, como si fuesen manos, los agarraban fuertemente; así, los jóvenes quedaban prisioneros, no podían liberarse y morían de una muerte cruel.

Y, tras este pasaje escalofriante, los hermanos Grimm siguen contándonos cómo fueron pasando los años hasta que un buen día llegó al país un nuevo príncipe que oyó hablar a un anciano de la existencia de aquel lugar encantado en que una princesa muy bella, a la que todos llamaban Zarzarrosa, dormía desde hacía una eternidad. Y, como es lógico, quiso saber dónde estaba para ir a rescatarla. Teniendo en cuenta el fin cruel de los que lo habían precedido, el anciano se lo desaconsejó, pero el príncipe no dio su brazo a torcer y se puso inmediatamente en marcha. Y bien podemos imaginar los lectores de este cuento que mientras lo hacía iría pensando en cómo sería la muchacha que estaba dormida en lo más secreto de aquel bosque, y que su deseo de conocerla no haría sino crecer y crecer, pues aquella historia tenía, como todos los verdaderos cuentos, el poder de encandilar los sentidos y cautivar el entendimiento de los que la escuchaban. Que era justo lo que les había pasado a los otros príncipes, que tampoco habían podido resistirse a su embrujo y habían corrido hacia el palacio encantado, aunque no supieran exactamente por qué lo hacían ni lo que esperaban encontrar en él. El príncipe llegó a aquel bosque, pero a él no lo detuvieron las espinas porque, al haberse cumplido el tiempo de la maldición, las zarzas se habían llenado de flores y sus ramas se iban apartando a su paso, y así pudo llegar al palacio sin esfuerzo, y tras cruzar patios, subir escaleras y recorrer pasillos dio con la estancia donde Zarzarrosa estaba dormida. Y dice la leyenda que todo lo que el príncipe había oído contar acerca de la belleza de la muchacha le pareció poco comparado con su hermosura real, y que, deslumbrado por la suave luz que se desprendía de su rostro, antes de darse cuenta, se había inclinado sobre la joven y había rozado sus labios con los de ella, lo que tuvo el efecto inmediato de hacerla despertar.

Pero, bien mirado, este afortunado príncipe en nada se distinguía de los que terminaron pereciendo por buscar lo mismo que él, salvo en que tuvo más suerte. Porque no se trata de que aquellos tuvieran menos méritos o que fueran menos apasionados o valerosos, sino que simplemente acudieron al bosque cuando aún no se había cumplido el tiempo de la maldición, por lo que estaban condenados a fracasar. Y entonces la pregunta que hay que hacerse es qué había en aquella leyenda, que los obligó a aventurarse en el bosque exponiéndose a riesgos impredecibles por desvelar su misterio. Tal es el tema de este cuento: la llamada de la fascinación. Y lo fascinante es justamente lo que no cabe desatender, lo que te obliga a dejarlo todo para acudir en su búsqueda, que es lo que hicieron los príncipes de esta historia.

La literatura nos ayuda a conocer el mundo, a mirar través de los ojos de los demás, o a despertar en nosotros las mil y una imágenes del gozo, pero por encima de todo debe tener el poder de fascinarnos. Y sin duda, el palacio sepultado entre las zarzas y la leyenda de la princesa que duerme en una de sus salas lo consiguen.

En realidad, en los cuentos abundan las muchachas dormidas. Juan Eduardo Cirlot asegura que son un símbolo del ánima, en el sentido junguiano, pero puede que representen también las imágenes ancestrales que yacen en nuestro inconsciente en espera de ser desveladas y puestas en acción. Cirlot afirma:

> En los cuentos y en las leyendas las princesas sueñan en el fondo de sus palacios, como los recuerdos y las intuiciones en el fondo de nuestro inconsciente. Las bellas no están todas dormidas, pero, de un modo u otro, se hallan siempre al margen de la acción. Cada bella inmovilizada representa una posibilidad en estado pasivo.

Lo que es lo mismo que afirmar que en el sueño de estas muchachas se simboliza cuanto de no vivido hay en la vida de cada uno.

Pues bien, el deseo de alcanzar esa vida no vivida es, en mi opinión, el que nos hace leer. Es decir, que no creo que la verdadera lectura tenga que ver con la búsqueda de la identidad sino, por el contrario, con la capacidad para olvidarse de uno mismo y sumergirse en las cosas y situaciones como los príncipes de nuestro cuento lo hicieron en el bosque, con el solo deseo de transmutar nuestra vida en algo bello y eterno. La literatura siempre se pregunta por el valor de la vida. Tal vez por eso en los cuentos es tan frecuente que los personajes se encuentren con un tesoro, que no es sino algo que, siendo valioso, permanece oculto y hay que saber rescatar. Pero que no nos pertenece, en el sentido en que pueden hacerlo nuestros propios recuerdos o los objetos que recibimos de nuestros padres, sino que viene de otro mundo y guarda la memoria de otras vidas y otros deseos. El lector es el que se hace cargo de todos esos deseos y de todas esas posibilidades. Por eso su figura se confunde con la de los príncipes que acudieron a la llamada de Zarzarrosa. Pero lo importante ahora no es tanto preguntarnos por lo que encontraron, eso ya lo sabemos, sino por qué quisieron ir. Por qué, al escuchar la leyenda de la bella princesa, se olvidaron de sus proyectos y hasta de sus propias familias para internarse en el bosque. Pues bien, la imagen de esos príncipes debatiéndose contra el seto de zarzas se confunde para mí con la imagen del lector: alguien que se olvida de sus ocupaciones cotidianas, que abandona el ámbito de lo estrictamente racional y que sólo vive para desvelar el misterio

de una llamada tan desconocida como irresistible. Que lo
hace no buscando un mayor conocimiento de sí mismo o
del mundo sino, sobre todo, llevado por un movimiento
de fascinación. Y la primera fascinación del niño es su madre. Esa figura que lo alimenta y lo mima, que se ocupa de cuidarlo
y de protegerlo, pero también que le sonríe y a la que oye
hablar sin parar, que se asoma como la luna al cielo de su
pequeño mundo, puede que sea el paradigma de todas
las fascinaciones futuras. Siempre he pensado que la gran
fascinación que luego ejercerá sobre nosotros el cine tiene en esta aparición del rostro de la madre, y en su escala
tan diferente, su primera y más decisiva representación.
La oscuridad de la sala de cine, que suscita el espacio de la
intimidad y la cercanía del sueño, la presencia del rostro
humano y su diferencia de escala sobre la pantalla, evocan sin duda esos primeros momentos en que el rostro
de la madre aparecía flotando en el aire para asomarse al
espacio de la pequeña cuna. Una giganta que se ocupa de
él, ¿puede haber algo más inolvidable? Pero muy pronto
el niño tendrá que enfrentarse a la dolorosa evidencia de
que esa figura de su embeleso y su asombro no siempre
va a estar a su disposición. Y entrará en conflicto con ella,
pues verá que muchas veces no acudirá a su lado cuando
la llame, o que, aun estando cerca, no querrá darle lo que
le pide. Por eso en los cuentos, y junto a la figura del hada
bondadosa, la gran proveedora, aparece la contrafigura de
la bruja, siempre dispuesta a hacer a los niños las mayores
canalladas. La bruja, desde los ojos infantiles, no es sino
esa parte de la madre que se niega a satisfacer sus deseos.
La madre real debe combinar ambas figuras, tratando, eso

sí, de que las gratificaciones pesen más que las frustraciones. Winnicott, el gran psicoanalista de niños, habló de la *madre suficientemente buena*. Pues bien, creo que los cuentos pertenecen al ámbito de esta madre suficientemente buena que vive entregada a su pequeño, pero tiene que encontrar la manera de poner límites a su voracidad y a su narcisismo. Esa madre que está encantada con que su niño la adore, pero que sabe que a la fascinación no le viene mal una cierta dosis de humor e ironía que corrija su tendencia a la locura. Es lo que le dice la madre a su niño: quiero que me ames todo lo que puedas, pero no que pierdas la cabeza por mí. Y, claro, también se dice a sí misma: tampoco quiero perderla yo. La fascinación la transforma en una diosa, la ironía la vuelve una mujer real. Y ella desea que su hijo la vea como algo real, porque lo que quiere es que éste también lo sea y así ayudarle a encontrar un lugar en el mundo. Por eso en los cuentos es tan importante el humor.

La fascinación nos hace creer en los sueños, en los ideales, nos enfrenta a lo que somos y nos hace buscar lo que deberíamos ser; el humor nos permite corregir los posibles desvaríos de la fascinación. La fascinación, por sí sola, nos arranca de la realidad, nos impone la tiranía de los ideales, el sueño de la verdad absoluta y excluyente. En *La bella durmiente* la fascinación hace que el príncipe abandone el mundo real para internarse en un extraño país en el que todos están dormidos.

El humor nos devuelve la cordura, nos hace ver que si nuestros sueños son importantes, también lo es aprender a vivir en ese espacio común que es el mundo de todos. Es lo que pasa en el cuento de *La bella durmiente*, donde tras el beso no sólo se despierta la princesa dormida, sino todos cuantos se habían dormido con ella, y la vida vuelve a fluir con toda su encantadora vulgaridad. Por eso los hermanos Grimm escriben:

Al rozarla con los labios Zarzarrosa abrió los párpados, despertó y lo miró muy tiernamente. Bajaron juntos entonces, y el rey despertó, y la reina, y toda la corte, y se miraban unos a otros sorprendidos. Y en el patio los caballos se levantaron y se sacudieron; los perros de caza saltaron y ladraron; en el tejado las palomas sacaron las cabecitas de entre las alas, miraron en derredor y partieron volando por los campos; las moscas siguieron andando por las paredes; el fuego se levantó en la cocina, llameó y cocinó la comida; el asado siguió asándose; el cocinero le propinó al mozo una guantada tan fuerte que le hizo gritar; la criada acabó de pelar el pollo. Y entonces se celebró con toda la pompa la boda del príncipe con Zarzarrosa, y vivieron felices hasta la muerte.

Pues bien, parecen decirnos los cuentos, el mundo es así y en él conviven los besos más sublimes con las moscas que corren por las paredes, los trompazos y las pobres criadas que tienen que pelar los pollos que nos vamos a comer. A todas las madres les pasa eso con el niño que acaban de tener. Han soñado con él y ahora está allí y se preguntan quién es, de dónde viene y si su vida va a cambiar a partir de ese instante. Preguntas que, como es lógico, no tienen respuesta, pues ninguna pregunta importante la tiene. Y está bien que los miren embelesadas, pero también que se lo tomen un poco a broma, para así poder ocuparse de darles lo que necesitan.

Un bebé es como un duende, una criatura maravillosa y perturbadora que las madres tienen que conducir al mundo. Es curioso, los cuentos están llenos de dragones, de elfos luminosos, de criaturas insensatas, y tendemos a pensar que nos hablan de un mundo alejado de las cosas reales. Pero esto no es cierto y todos los cuentos, incluso los aparentemente más disparatados, han sido escritos para hablar del mundo real. Tolkien afirmaba que la palabra *sobrenatural* difícilmente puede aplicarse a las hadas. "Pues es el hombre quien, en contraste con las hadas, es sobrenatural; porque las hadas son naturales, mucho más naturales que él. En eso consiste su maldición". Su maldición es que no pueden abandonar el mundo. Puede que eso les cause problemas a las hadas, que nunca terminan de estar cómodas con nosotros, pero los niños sí lo están. Ellos siempre quieren vivir en el mundo. Es lo que pasa con Zarzarrosa: lo primero que hace al despertarse es correr en busca de sus padres, sus amigos y conocidos. Y, como es lógico, se lleva al príncipe con ella. No quiere permanecer con él en esa estancia sin tiempo, sino tener una casa en la que antes de dormirse fuera su alegre país. Pero ese regreso de Zarzarrosa y el príncipe será también el de todos los lectores cuando terminan de leer un cuento, y esto es importante que los niños lo perciban. No se lee para soñar con otro mundo, sino para descubrir todo lo que en el nuestro permanece escondido, para ver donde antes no se veía.

Es lo que diferencia los verdaderos cuentos maravillosos de los relatos ejemplares de santos que se contaban hace años. Estos últimos se centraban siempre en la idea del sacrificio, de la inmolación, de forma que su protagonista debía morir para salvarse. Eso es un santo, alguien

que renuncia a esta vida supuestamente vana y sin ali-
cientes que llevamos en este mundo, para aspirar a la vida
eterna. Por eso los santos sufrían terribles castigos, eran
perseguidos o golpeados por los tiranos de turno, sin ma-
nifestar la mínima vacilación. Incluso los milagros que
hacían —ser trasladados por los aires mientras rezaban,
atravesar los ríos andando sobre las aguas, o curar enfer-
mos— raras veces eran una afirmación de la vida. En realidad estaban muertos, o vivían para morirse, pues esta
vida para ellos no era la verdadera. Al contrario que los
personajes de los cuentos, que buscan individualizarse en
un medio hostil, los santos viven en el límite de la nada.
Por eso en los cuentos es tan importante la astucia, que
no es sino la forma que tienen sus protagonistas de salirse
con la suya. San Tarsicio muere con una sonrisa en los
labios, apedreado por los soldados romanos, por no querer
revelarles que bajo su túnica llevaba ocultas las sagradas
formas con las que cada día daba de comulgar a los cristia-
nos, y su muerte es un triunfo para él. En los cuentos ese
triunfo tiene que ver con el encuentro de la puerta que
permitirá a sus protagonistas regresar a su mundo, pues el
mensaje de los cuentos es que ninguna vida se basta a sí
misma, y que sólo al lado de los que queremos podemos
realizar nuestros sueños y ser felices. Cenicienta no quiere
ser arrebatada por un carro de fuego y desaparecer en la
inmensidad de la verdad, como le pasa al profeta Isaías,
sino ir al baile en una carroza de cristal. Es decir, desea ser
querida y tener un lugar en el mundo. Quiere enamorar a
un príncipe, pero no para desaparecer en el embeleso de
ese amor, sino para casarse con él. Aunque sólo sea para
poder contarles a sus hijos su historia maravillosa. Es una

222   GUSTAVO MARTÍN GARZO

ley de la vida. Todos los que tienen una vida maravillosa quieren tener a alguien especial a su lado, para poder
contársela; esto será lo que harán Alicia y Wendy cuando
crezcan y cuenten a sus propios niños sus locas aventuras
en el País de las Maravillas y en la Isla de Nunca Jamás.
Incluso la protagonista de *La pequeña cerillera*, el cuento
de Andersen, quiere tener una historia que poder contar.
En realidad se comporta como una santa. No se atreve a
volver a su casa por temor a su padre y, muerta de frío,
enciende los fósforos que le van quedando para calentarse
un poquito. Mientras los fósforos permanecen encendidos
tiene visiones maravillosas. Ve una casa, ve una mesa llena de
platos exquisitos, y ve, sobre todo, a su abuela muerta, que
corre a su encuentro para abrazarla. Cuando consume su
último fósforo, muere. Su historia es la de los santos, pues
la muerte no será para ella sino una liberación, pero en
realidad pertenece al mundo de los cuentos ya que no
enciende sus fósforos para irse del mundo, sino para
encontrar la manera de regresar a él. Y de hecho en sus
visiones no hay ángeles, ni estancias hechas de nubes, sino
cosas muy concretas y decididamente mundanas: un plato
de carne, un árbol de Navidad, una abuelita sonriente. Es
un personaje de cuento, aunque la pobre carezca de astucia y no pueda ver realizado su sueño de regresar.

Los personajes de los cuentos siempre regresan. Pasan
por un sinfín de dificultades pero la prueba de fuego es el
regreso. Yasunari Kawabata, el gran escritor japonés, tiene
una novela terrible que se titula *La casa de las bellas durmientes*. Esa casa es un prostíbulo. Pero un prostíbulo singular, puesto que en él sólo hay muchachas narcotizadas. Lo
visitan oscuros y adinerados ancianos, que prefieren que

las muchachas permanezcan dormidas a fin de que no puedan contemplar ni su decrepitud ni el lacerante espectáculo de su impotencia. Pasan la noche con ellas, y las acarician y miran como si no fueran enteramente reales, sino un objeto de sus fantasías enfermas, y luego se alejan de sus lechos, amparados en su vergonzoso anonimato. Sería como si el príncipe de nuestro cuento, en vez de desear que la princesa despertara, pues es ese deseo el que sin duda la arranca de la muerte, se hubiera acostumbrado a visitarla a escondidas y disfrutara del goce perverso de estar a su lado sin que ella se diera cuenta de nada ni, por supuesto, pudiera preguntarle quién era ni lo que hacía allí. Y es cierto que lo que lleva a los ancianos a la casa de las bellas durmientes es algo muy poderoso, puesto que tampoco ellos pueden desatender la llamada que les obliga a acudir a su encuentro, pero yo no hablaría de fascinación pues, para serlo, carece de los otros dos elementos que son inherentes al movimiento de la fascinación: el deseo de conocimiento y la ausencia de daño.

La fascinación es un pájaro de tres cabezas: la primera de esas cabezas nos hace acudir en busca de algo, aunque no sepamos lo que es; la segunda nos obligará a preguntar por lo que encontramos; y la tercera, a hacernos cargo de ello. Es eso lo que los cuentos les enseñan a los niños, que el lugar de la fascinación es el lugar del conocimiento y de la responsabilidad. Volvamos de nuevo al cuento de los hermanos Grimm. El príncipe acude a la llamada del palacio encantado, descubre a la muchacha dormida y se enamora al instante de ella, ésa es la primera cabeza del pájaro de la fascinación. Pero quiere saber quién es y la besa, con lo que tenemos la segunda cabeza. La tercera aparecerá enseguida, pues la princesa, al despertarse y ver al apuesto príncipe, se pone a hablar con él, y los dos saben que ahora empezará para ellos una vida nueva en que tendrán que aprender a ocuparse el uno del otro.

La casa a la que acuden los ancianos, en la novela de Kawabata, es justo lo contrario de ese palacio encantado, pues allí están prohibidas las preguntas. Al contrario que los personajes de los cuentos, que siempre andan escuchando lo que no deben, los ancianos de la novela de Kawabata no quieren escuchar a nadie, salvo a sí mismos y a su propio deseo. Los cuentos existen para acoger en nuestro corazón las voces de los otros. Las voces no sólo de los otros hombres, sino también de los animales, los árboles y las estrellas. Por eso el mundo del cuento, y el de la literatura, pertenecen al ámbito de lo femenino ya que lo femenino no es sino esa disposición a contar y a escuchar sin descanso. Pero ¿a contar qué? Me aventuro a dar una respuesta: los hombres hablan para decir lo que quieren; las mujeres, para contar lo que les pasa.

En el relato que, en *El asno de oro*, hace Apuleyo del mito de Eros y Psique, hay un momento en que las voces del jardín advierten a Psique de la llegada de sus hermanas. Psique se pone muy contenta y, aunque las voces del jardín le piden que no vaya a su encuentro, ella lo hace sin vacilar. En el relato de Apuleyo esta actitud causará su desgracia. Sus hermanas, celosas, la empujarán a que desafíe el deseo de invisibilidad de su esposo y a que descubra el secreto de su identidad. Claro que en este punto Apuleyo no puede ocultar su condición de varón, y lo que nos ofrece es la versión masculina de esta maravillosa historia. Pero basta una lectura atenta para darse cuenta de que no son las hermanas las que llaman a Psique, sino que es ella misma quien decide acudir a su encuentro. Pero ¿no es eso lógico? ¿Qué mujer llegaría a una Casa de Oro, y pasaría luego ardientes noches de amor con un amante invisible, sin sentir al momento deseos de contárselo a alguien, especialmente a otra mujer? El mundo de lo masculino se construye sobre la pregunta por el ser propio; el de lo femenino, por la del ser del otro. Por eso mientras que Psique quiere saber quién es su amante, Eros no necesita preguntarse nada mientras pueda seguir haciendo suyo el objeto de su deseo. Y si es así es porque en el fondo no cree en la autonomía de ese objeto. El mundo del deseo es masculino; el del amor, femenino. El hombre acude al amor para decir lo que hará; la mujer, para ver lo que le pasa. Uno quiere salir fortalecido; la otra, transformada. El amor para el hombre es el reino de la identidad; para la mujer, el de la metamorfosis.

Y Alicia se comporta como Psique. Se cuela por el hueco de un árbol y, después de sufrir extraños trastornos en su escala física, toma posesión de ese reino nuevo que está visitando. La Falsa Tortuga, la Liebre de Marzo, el Conejo Blanco, los Grifos, la Reina de Corazones le van saliendo al paso y la envuelven tanto con sus vidas inesperadas como con sus costumbres insólitas e incomprensibles, suscitando en ella un aluvión de preguntas. En sus *Cartas a un joven poeta* Rainer Maria Rilke aconseja a su joven e inquieto amigo que sea paciente. Y escribe:

> Usted es tan joven, está tan antes de todo comienzo, que yo querría rogarle lo mejor que sepa, mi querido señor, que tenga paciencia con todo lo que no está resuelto en su corazón y que intente amar las preguntas mismas, como cuartos

cerrados y libros escritos en un idioma muy extraño. No busque ahora las respuestas, que no se le pueden dar, porque usted no podría vivirlas. Y se trata de vivirlo todo. Viva usted ahora las preguntas.

John Keats se refería a algo parecido cuando escribió que había que saber conformarse con la mitad del conocimiento. O dicho de otra forma, que si queremos penetrar en el misterio del mundo debemos ser capaces de no buscar a cada momento la explicación de lo que nos sucede y aprender a vivir en la incertidumbre. Es lo que hace Alicia, y por eso puede vivir sus aventuras. O lo que luego hará Wendy cuando Peter Pan la conduzca a la Isla de Nunca Jamás. O lo que hace Mary Leenox, la protagonista de *El jardín secreto*, la hermosa novela de Francis Hodgson Burnett. La pequeña Mary viaja a casa de un tío suyo, al quedarse huérfana, y se ve obligada a pasar largas horas de soledad, pues su tío siempre está de viaje y raras veces pasa por aquella casa. Y en ese deambular sin tiempo, Mary descubre un día un jardín en el que no puede entrar. Ve sus tapias, y los árboles cuyas copas asoman por encima, pero no encuentra la puerta. Y aprende a amar ese jardín, antes de saber nada de él. Cuando Wendy pregunta a Peter Pan en pleno vuelo dónde está la Isla de Nunca Jamás, para su sorpresa, éste le contesta que no lo sabe. Y añade: "La Isla de Nunca Jamás no se puede buscar. Es ella la que te encuentra". En cierta forma, es lo mismo que le pasa a Alicia con el País de las Maravillas, o a Dorothy, en *El mago de Oz*, con la ciudad esmeralda, ya que en realidad son ese país y esa ciudad los que las encuentran a ellas. La historia de Mary con el jardín secreto es también así. Quie-

re entrar en ese jardín pero tendrá que ser un petirrojo el
que le proporcione la llave y le diga cómo puede hacerlo.
Pero ni Wendy, ni el príncipe de *La bella durmiente*, ni la
niña protagonista de *El jardín secreto*, ni por supuesto Alicia o Dorothy, hacen demasiado por vivir aventuras, se ven
arrastrados a ellas. Mary Leenox se ocupa del jardín antes
de saber nada de él; Wendy se instala en la Isla de Nunca
Jamás, con los Niños Perdidos, con la naturalidad con que
lo habría hecho en la casa de sus vecinos; Alicia se va detrás del Conejo Blanco sin dudarlo; Dorothy acepta como
compañeros a criaturas tan extravagantes como un espan-
tapájaros, un león y un hombre de hojalata; y el príncipe de
*La bella durmiente* acude sin preguntar a la llamada secreta
de la estancia encantada. Y todos ellos se conforman con la
mitad del conocimiento para vivir sus respectivas aventuras.

Porque lo maravilloso, al contrario de lo que suele decirse, no nos aparta del mundo, sino que hace de ese mundo el reino de la posibilidad. Todos los niños proceden de
un mundo así, de forma que bien podemos decir que ese
jardín secreto es una representación de nuestra propia infancia perdida. San Agustín, en sus *Confesiones*, habló así
de ese lugar:

> De niño pasé a ser muchacho, o lo que fuera que viniera a
> mí ocupando el lugar de la infancia. La infancia, no obstante,
> no se marchó: pues ¿a dónde iba a ir? Sencillamente, dejó de
> estar ahí. Pues ahora no era un crío, sin habla, sino un mu-
> chacho que hablaba.

Es decir, la infancia permanece con nosotros, sólo que
como reino secreto. Como un reino de silencio, donde se

habla el lenguaje de las cosas mudas. Cuando Eneas pide a Dido que le cuente la guerra de Troya, Eneas replica: "Indecible, reina". Lo que es lo mismo decir que todo lo que sucedió en ese lugar y en ese tiempo es tan singular, tan lleno de excepción, que no cabe en nuestras palabras de adultos, las palabras con que tomamos posesión de las cosas. Ese reino mudo es el reino de la infancia, que literalmente significa "incapacidad de hablar". Y por eso son tan frecuentes en los cuentos los personajes que no pueden hablar. La sirenita tiene que perder su voz para acceder al reino de los hombres, y en realidad Zarzarrosa también tiene el mismo problema: está dormida y no puede hablar. La paradoja es que ese silencio renueva el lenguaje. Por eso, también en los cuentos todos hablan sin parar. No sólo los niños y las princesas, sino las ranas, las estrellas y los árboles. La niña de los gansos oye hablar a la cabeza de su caballo y luego termina hablando con una estufa, que es a la que cuenta todos sus pesares. Pero ¿todos estos mundos descritos no están tocados por la locura? ¿No lo está el País de la Maravillas, con todos sus extravagantes personajes? ¿No lo está el país que visita Dorothy en *El mago de Oz*? ¿No es la Isla de Nunca Jamás una jaula de grillos? Hay adultos que no soportan este barullo y se apartan de los niños, sin entender que en su locura, como acertadamente supo ver Bachelard, está siempre la posibilidad de un nuevo comienzo.

> La infancia permanece en nosotros como un principio de vida profunda, de una vida siempre en armonía con la posibilidad de nuevos principios. Todo cuanto en nosotros se inicia con el carácter distintivo de un comienzo es una vida tocada por la locura.

Los niños siempre han vivido en ese mundo de intersticios y grietas, un mundo que despierta de su sueño cuando los adultos se retiran a descansar. Alicia se cuela por una de esas grietas y va a parar a ese mundo tan extraño como disparatado en el que suceden sus aventuras. De pronto, la Reina de Corazones quiere cortarle la cabeza. Alicia trata de rebelarse y una baraja de naipes se arroja sobre su cabeza. Quiere quitárselos de encima y se descubre tumbada en la ribera del río con la cabeza apoyada en la falda de su hermana, que le está quitando cariñosamente unas hojas que le habían caído de los árboles. Comprende que sus aventuras han sido un sueño y se pone a contárselo atropelladamente a su hermana y luego se va corriendo a merendar. La hermana de Alicia se queda sola y medio adormilada por el sol, cierra los ojos, y el espacio que la rodea se puebla entonces con los extraños personajes del sueño de su hermana:

La hierba blanca se agitó a sus pies cuando pasó corriendo el Conejo Blanco; el asustado ratón chapoteó en un estanque cercano; pudo oír el tintineo de las tazas de porcelana mientras la Liebre de Marzo y sus amigos proseguían aquella merienda interminable, y la penetrante voz de la Reina ordenando que se cortara la cabeza a sus invitados; de nuevo el bebé-cerdito estornudó en brazos de la Duquesa, mientras platos y fuentes se estrellaban a su alrededor, de nuevo se llenó el aire con los graznidos del Grifo, el chirriar de la tiza de la lagartija y los aplausos de los reprimidos conejillos de indias, mezclado todo con el distante sollozar de la Falsa Tortuga.

Pero la hermana de Alicia sabe que se trata de una ilusión, y que le bastará con abrir los ojos y levantarse para que todos esos personajes desaparezcan de su vida como lo harán la arena y la hierba que el viento ha arrastrado hasta su falda mientras estaba sentada.

La hierba sería sólo agitada por el viento, y el chapoteo del estanque se debería al temblor de las cañas que crecían en la orilla. El tintineo de las tazas de té se transformaría en el resonar de unos cencerros, y la penetrante voz de la Reina, en los gritos de un pastor. Y los estornudos del bebé, los graznidos del Grifo y todos los otros ruidos misteriosos, se transformarían (ella lo sabía) en el confuso rumor que llegaba desde una granja vecina, mientras el lejano balar de los rebaños sustituía los sollozos de la Falsa Tortuga.

¿Quiere decir esto que los sueños no sirven de nada? Es lo que pasa en *Peter Pan*, cuando llegamos a su final, que es uno de los más tristes que se puedan leer jamás. Wendy descubre a su viejo amigo en el cuarto de su hija Juana, y quiere irse con ellos. Pero Peter Pan le dice que no puede porque los seres adultos, y ella se ha transformado en una mujer, no saben volar. Wendy entonces los deja irse y se queda asomada a la ventana viéndoles alejarse hacia las estrellas. Y enseguida vuelven a pasar los años, y J. M. Barrie escribe:

> Si ahora viésemos a Wendy, advertiríamos cómo su cabello se tornaba blanco y su figura se empequeñecía otra vez, pues todo esto sucedió hace ya largo tiempo. Juana es ahora una vulgarísima mujer casada y tiene una niña que se llama Margarita. Todas las primaveras, excepto cuando se le olvida, viene Peter Pan a buscar a Margarita para llevársela al País de Nunca Jamás, donde ella le cuenta mil cuentos en que él mismo es el héroe y que él escucha con ansiedad.

Cuando Margarita crezca, tendrá una niña que, a su vez, será la madrecita de Peter Pan; y así sucederá siempre, siempre, mientras los niños sean alegres, inocentes... y un poquito crueles.

Barrie nos dice que todas las niñas cuando crecen se transforman en unas vulgarísimas mujeres casadas, pero ¿de verdad son tan vulgares? Y si lo fueran, ¿por qué contarían a sus hijos esas historias tan locas? La hermana de Alicia se imagina a ésta siendo ya una mujer, y narrándole a sus hijos su extraño sueño; y Wendy contará a los suyos la historia de su visita a la Isla de Nunca Jamás. Y si ambas pueden contar lo que cuentan es porque estuvieron en esos lugares y recuerdan lo que vieron en ellos. Nadie que lo haya hecho podrá ser vulgar. Y la literatura existe para apartarnos de la vulgaridad. No sólo para decirnos que alguna vez volamos a esa isla que se confunde con nuestra propia infancia, sino que podemos volver a hacerlo cuando queramos. Contar un cuento, ¿no es regresar a la infancia?

Todas las madres cuentan cuentos a sus hijos para decirles que puede que en el mundo no haya criaturas más raras y fantásticas que ellos. Tan raros son todos los niños que existen que un buen día desaparecen, y nunca más se les encuentra. Para eso se les cuentan historias, para hablares de lo que pasó en aquella casa mientras ellos estuvieron allí. ¿Sabes una cosa? —les dicen sus madres—, una vez me encontré a un niño como tú. Un niño que no sabía de dónde venía. Te encontré como la hija del faraón encontró a Moisés, flotando en las aguas de un río, y eras tan guapo que en vez de dejarte solo, o tirarte a la basura,

o llevarte al hospicio, decidí quedarme contigo. Y luego
tuve que cuidarte y fuiste creciendo, y aunque no sabía
quién eras, me tenía que conformar con la mitad del conocimiento y vigilarte y estar a tu lado a todas horas, pues
vivías rodeado de peligros y de cosas extrañas. Y cuando
te ibas a la cama acostumbraba contarte historias. No podían ser historias vulgares, porque tú no eras en absoluto
vulgar. Y en esas historias hablaba de dragones, de hadas
egoístas, de princesas dormidas y de hombres de hojalata
que andaban buscando su corazón, pero en realidad sólo
estaba hablando de lo que me pasaba al estar junto a ti.
Y unas veces era como dar de comer a un pajarillo que
estaba hambriento, y otras, como correr detrás de un
becerro que andaba sobrado de fuerza. Y así hasta que un
día, cuando fui a buscarte a tu cuarto, ya no estabas allí.
Porque los niños, no se sabe por qué, un día desaparecen
y en su lugar dejan a un muchacho o una muchacha, que
pueden ser muy guapos y cariñosos pero que no es lo mismo, porque ellos no pueden volar, ni pueden colarse por
el hueco de un árbol, ni por supuesto son capaces de darse
cuenta de que tras el sonido de la hierba muchas veces lo
que se escuchan son las pisadas del Conejo Blanco, y tras
el sonido de las esquilas, el tintineo de las tazas de porcelana de la Liebre de Marzo. Y cuando tú te hagas mayor
y tengas tus propios niños, también te pasará lo mismo, y
les contarás cuentos en que les hablarás de tu visita a esa
Isla de Nunca Jamás que fue tu propia infancia. Y también
una noche, cuando vayas a despedirte de ellos, encontrarás
acostados en sus camas a un muchacho o a una muchacha
que habrán ocupado su lugar, y con los que no podrás hacer
gran cosa, aunque te den mucha pena, por lo mucho

LA LITERATURA COMO FASCINACIÓN    233

que se parecen a ti, y no llegues a decírselo nunca y te quede el consuelo de pensar que también ellos una vez tendrán un niño a su lado y podrán hacer lo mismo que hiciste tú, que no fue sino lo que hicieron Alicia y Wendy cuando se hicieron mayores. Ellas seguían conservando "el mismo corazón sencillo y entusiasta de su niñez, y que reunían a su alrededor a otros chiquillos, y hacían brillar los ojos de los pequeños al contarles un cuento extraño", quizá este mismo sueño del País de las Maravillas o de su fuga con Peter Pan que habían tenido años atrás. Tal es lo que pasa siempre que una madre toma en sus brazos a su niño y, recordando "los felices días del verano de antaño, hace suyas sus pequeñas tristezas y se alegra con sus ingenuos goces". Y después de maravillarse de lo hermoso que es y de que haya en él tanta locura, piensa enseguida que si ahora está en el mundo debe ser por alguna poderosa razón, aunque no llegue a saber cuál es. Lo que tampoco le importa demasiado, pues se conforma con la mitad del conocimiento.

# El niño invisible:
# homenaje a la letra eñe

A MEDIADOS DEL SIGLO PASADO, cuando yo era un niño, apenas había fotografías en las casas. En la mía, se guardaban en una caja de puros y nada me gustaba más que mi madre me hablara de ellas y del tiempo en que se habían tomado. Dos de esas fotografías eran mis preferidas. En la primera estamos en la playa de Gijón. Somos cuatro niños: un primo mayor y tres de los seis hermanos que fuimos. Nos llevamos un año y yo soy el pequeño. Estamos ordenados en fila, cada uno entre las piernas del anterior, y nuestra madre está feliz a nuestro lado vigilándonos. En mi computadora, donde la guardo escaneada, tiene este título: *La leona y sus cachorros*. Eso parece mi madre, una leona con sus crías, dispuesta a defenderlas con uñas y dientes si fuera preciso. Recuerda a esas *madonnas* del Renacimiento italiano que abrazan al niño contra su pecho mientras miran con desconfianza a su alrededor, como si temieran que se lo fueran a robar, que fue lo que finalmente sucedió.

La segunda fotografía es un retrato de familia. Es una de esas composiciones de los antiguos estudios fotográficos en que se ven los rostros de mayores y niños sobre un fondo claro, como pequeños retratos que colgaran de una pared imaginaria. Mis padres son muy jóvenes, y mis dos hermanos mayores, apenas unos bebés. En ese tiempo yo aún no había nacido, pero mi madre, al enseñarme aquella fotografía, siempre se inclinaba sobre mí para susurrarme que yo también estaba en ella, como si fuera un secreto que sólo a nosotros pertenecía. El enigma tenía una explicación sencilla. Mi madre estaba embarazada en aquel momento, y el niño que nacería unos meses después era yo. Por lo que, a su manera, era cierto que estaba en esa fotografía, aunque bien escondido, en un lugar que sólo mi madre y yo conocíamos. Bien puedo decir, por tanto, que de todas las fotografías que me han hecho en mi vida mi preferida es una en que no se me ve. Y así está titulada en mi computadora: *El niño invisible*. Supongo que si esta idea de la invisibilidad me gustaba tanto es porque los niños nunca abandonan enteramente ese mundo de ensueños, y así vagan entre los adultos, como esas criaturas —hadas, duendes y elfos— que viven en los huecos e intersticios de lo real y que siempre han poblado la imaginación de los seres humanos. Los niños pequeños no saben cómo es su cuerpo y tardan mucho tiempo en ordenar sus distintos miembros y controlar sus movimientos, hasta componer ese organismo único que los libros de anatomía nos describen. Y es verdad que cuando son un poco mayores enseguida son capaces de dibujarse como se ven en los espejos y en las fotografías, pero no lo es menos que al menor descuido vagan de nuevo por los corredores de la invisibilidad y que, como los renacuajos en las charcas, vuelven a tener aletas y cola.

¿Y qué tiene que ver todo esto con la letra eñe? Mucho más de lo que parece. Primero, porque la eñe forma parte de la palabra *niño*; segundo, porque el mundo de las letras pertenece a la infancia. Los adultos ven las palabras, pero raras veces prestan atención a sus letras. Esto último sólo los niños y los poetas lo hacen. Y la letra eñe es, además, especial, por ser, con la i y la jota, las únicas de nuestro alfabeto que tienen algo añadido, una parte exenta que llevan con ellas como un sombrerito que flotara en el aire. La eñe es la decimoquinta letra de ese alfabeto y sólo se usa en español. Su forma procede de la consonante ene. La tilde que lleva en la parte superior tiene su origen, según parece, en la escritura de los copistas medievales, que la emplearon desde el siglo XII como signo escrito sobre una letra y que significaba carácter repetido; es decir, la eñe era dos enes, y la o con el mismo signo dos oes. Una letra doble, lo que es lo mismo que decir con una parte que no se ve. Una letra con su doble invisible: como todos los niños (y todos los escritores).

Guy de Maupassant escribió que "las palabras tienen un alma. La mayoría de los lectores y de los escritores sólo le piden un sentido. Es preciso encontrar esa alma, que aparece en contacto con otras palabras". También las letras tienen un alma, y es el niño quien se la ve. Basta asomarse a los viejos catones. Las letras se trasformaban en sus páginas en animales y cosas. Una pe era una pipa; una uve, los cuernos de un toro; una hache, dos hermanos unidos por el brazo; una ge, un globo de gas; una be, el plato de una balanza; una ese, una serpiente. El pintor holandés Bran van Velde dijo que pintar era dar rostro a lo que no lo tiene. Los niños ponen ojos al sol, a las nubes, a las copas de los árboles, y así los sienten vivir a su lado y participar de sus deseos y fantasías. Es lo mismo que hacen con las letras, que pasan a ser sillas, jirafas, espadas, banderas y hachas.

238 GUSTAVO MARTÍN GARZO

Los niños son iguales a todas las cosas, como decía John Keats de los poetas. Si están junto a un pájaro, son como ese pájaro; si están en la orilla de un río, se confunden con los peces que nadan en él. El mito de Narciso, con su muerte a orillas del lago, simboliza el momento en que dejamos de formar parte del mundo y nos preguntamos por nuestra identidad: por nuestro ser separado. Narciso pasa así de ser igual a todas las cosas a ser una sola: igual al rostro que ve reflejado en el agua. Su muerte simboliza el fin de la infancia. Por eso, cuando los niños se asoman por primera vez al mundo de las letras, no las ven únicamente por el papel que cumplen en la formación de las distintas palabras sino también, y sobre todo, por lo que tienen en común con los seres y cosas que pueblan su imaginación. Las letras son las huellas de ese niño invisible que los visita en secreto, y que les permite estar en todos los lados y ser todas las cosas. El alfabeto entero es la metáfora de ese cuerpo que esconden, el símbolo de la heterogeneidad de su ser. Abel Martín habría escrito de "la incurable otredad que padece lo uno". Por eso dijo Canetti que en los juegos verbales cesa la muerte.

Y eso es la eñe, una letra que juega a disfrazarse. No hay nada que le guste más al niño, cuando empieza a escribir, que añadirle a la ene esa tilde capaz de transformarla en otra letra distinta. Es lo que hace él cuando se disfraza; no tanto ocultarse como hacer aparecer ante los demás esos otros que es, sus *yos* invisibles: su propia alma, que nunca es una sola cosa y que, como pasa con el silencio de la adivinanza infantil, desaparece cuando se la nombra.

En Capadocia hay una curiosa costumbre. Cuando va a celebrarse una boda, antes de llevar a la novia a la que va a ser su nueva casa, todas las mujeres del pueblo se reúnen a su alrededor y cantan a lo largo de la noche. Son canciones llenas de tristeza, en las que evocan el tiempo que pasaron juntas. Al amanecer, ofrecen a la novia un espejo para que se despida de la que ha sido hasta ese mismo instante. Esa imagen es su "ser no desposado", que se quedará allí, junto a los suyos, mientras ella se aleja hacia su nueva vida. El mundo de la fantasía tiene que ver con esa parte de la novia que se queda atrás, con ese niño invisible que todos abandonamos. Esa parte maldita alimenta al escritor, que siempre anda metido por eso, como afirma Kafka, en "asuntos peligrosos".

En el Apocalipsis, un ángel le ofrece a san Juan un libro para que se lo coma. Todos los lectores son comedores de letras. Y también en este punto la eñe tiene una importancia añadida. Ñam, ñam, es el sonido que emiten ogros y lobos cuando se disponen a comer lo que les gusta, que suele ser la carne de los niños. Ese sonido no sería el mismo sin la letra eñe. Es el sonido de la masticación, el sonido preferido de esos comedores de letras que son todos los lectores.

# Índice onomástico, de obras y personajes

# Índice